高职院校学生综合素质提升

高晓莉 ◎ 著

吉林出版集团股份有限公司

版权所有　侵权必究

图书在版编目（CIP）数据

高职院校学生综合素质提升 / 高晓莉著. — 长春：吉林出版集团股份有限公司，2024.2

ISBN 978-7-5731-4657-1

Ⅰ．①高… Ⅱ．①高… Ⅲ．①高等职业教育－素质教育－研究 Ⅳ．①G718.5

中国国家版本馆 CIP 数据核字（2024）第 050259 号

高职院校学生综合素质提升
GAOZHI YUANXIAO XUESHENG ZONGHE SUZHI TISHENG

著　　者	高晓莉
出版策划	崔文辉
责任编辑	杨　蕊
封面设计	文　一
出　　版	吉林出版集团股份有限公司
	（长春市福祉大路 5788 号，邮政编码：130118）
发　　行	吉林出版集团译文图书经营有限公司
	（http://shop34896900.taobao.com）
电　　话	总编办：0431-81629909　营销部：0431-81629880/81629900
印　　刷	廊坊市广阳区九洲印刷厂
开　　本	787mm×1092mm　1/16
字　　数	212 千字
印　　张	13
版　　次	2024 年 2 月第 1 版
印　　次	2024 年 2 月第 1 次印刷
书　　号	ISBN 978-7-5731-4657-1
定　　价	78.00 元

如发现印装质量问题，影响阅读，请与印刷厂联系调换。电话：0316-2803040

前　言

在当今社会，高职院校的培养任务不仅是传递专业知识，更要致力于学生综合素质的提升。综合素质不仅包括专业技能，还涉及学生的人际交往能力、创新思维、团队协作等多个方面。高职院校学生综合素质的提升，不仅是对学生个体成长的关照，更是为其未来职业发展打下坚实基础。

本书汇聚了众多专业领域的权威专家，旨在为高职院校教育工作者提供一份全面、实用的教学指南，引领他们更好地履行培养学生的使命。本书旨在为高职院校的教育者提供一个全面的视角，帮助他们更好地实施学生综合素质提升教学，以适应当今社会对人才培养的新需求，其内容先从素质的含义及特征入手，介绍了素质教育的基本理论，接着详细地分析了高职院校大学生人文素养培育、高职院校大学生职业素养培育、高职院校道德素质培育，最后在高职院校大学生综合素质教育现状与提升方面进行探讨。希望本书能成为高职院校教学改革和提升学生素质的有力助手。

著作本书的过程中，作者查阅了大量的文献资料，在此对相关文献资料的作者给予真诚的感谢。另外，由于笔者的时间和精力有限，书中难免会存在不妥之处，敬请广大读者和各位同行予以批评指正。

目 录

第一章 素质的含义及特征 ... 1
- 第一节 素质及特征 ... 1
- 第二节 素质结构 ... 11
- 第三节 创新素质与创业素质 ... 28

第二章 素质教育的基本理论 ... 35
- 第一节 素质教育的基本特征 ... 35
- 第二节 高职院校实施素质教育方式与方法 ... 43
- 第三节 实施素质教育的路径 ... 54
- 第四节 职业素质和创业创新素质的培养 ... 59
- 第五节 构建终身自我素质教育体系 ... 63

第三章 高职院校大学生人文素养培育 ... 74
- 第一节 人文素养教育概述 ... 74
- 第二节 高职院校大学生人文素养培育的主要内容 ... 82
- 第三节 高职院校大学生人文素养培育的路径 ... 97

第四章 高职院校大学生职业素养培育 ... 104
- 第一节 职业素质构成及职业素质要求 ... 104
- 第二节 大学生职业素质培养的意义和途径 ... 122
- 第三节 大学生职业意识的训练 ... 125

第五章 高职院校道德素质培育 ... 137
- 第一节 道德素质教育内涵 ... 137

第二节　道德素质教育在大学生发展中的作用 …………………… 143

　　第三节　高职院校道德素质教育的培养目标与结构 ……………… 148

　　第四节　提高高职学生道德素质的基本途径 ………………………… 152

第六章　高职院校大学生综合素质教育现状与提升 …………………… 158

　　第一节　高职院校大学生素质教育现状 ……………………………… 158

　　第二节　提升高职院校大学生综合素质的理论 ……………………… 159

　　第三节　提升高职院校大学生综合素质的途径 ……………………… 169

　　第四节　构建高职院校学生综合素质评价体系 ……………………… 189

　　第五节　"双高建设"背景下高职院校学生综合素质提升机制 ……… 195

参考文献 ………………………………………………………………………… 200

第一章 素质的含义及特征

第一节 素质及特征

一、什么是素质

从词义上讲，素质是指事物本来的性质或品质。后来在心理学中定义了比较严格的素质概念，指人的先天生理解剖特征，包括脑和神经系统结构、机能特性、感觉器官和运动器官的机能特性等。这种素质主要是由遗传决定的，也包括胎儿在母体内受环境的影响形成的某些非遗传性的特征。后来素质概念的内涵和外延都有突破的充实。从外延看，素质概念已不限用于个体上，还可用在群体上，例如，我们可以说公民素质、职工素质等，甚至还可以延伸到组织上，如企业素质等。在内涵方面，教育上所说的素质主要指个体经学习获得的心理发展水平和品质。至于如何准确地定义教育上的素质概念，目前有着不同的认识。下面简单介绍一下当前比较权威的三种看法。

一种是由教育部原副总长周远清同志在题为《素质、素质教育、文化素质教育》的一篇文章中提及（该文登载在2000年4月5日的《光明日报》），文中指出："素质是在人的先天生理基础上经过后天教育和社会环境的影响，由知识内化而形成的相对稳定的心理品质。"这是经过几年来的探讨和实践，被大多数人普遍认同的一种界定。这一界定对于人才培养来讲，至少有以下三方面的意义：

第一，作为心理品质，这里讲的素质有别于人的生理素质，不是先天的、生来就有的，它是通过教育和社会环境的影响逐步形成和发展的。也就是说，素质是教化的结果，是能够培养、造就和提高的。

第二，素质是知识内化和升华的结果，单纯具有知识不等于具备一定的素质，知识只是素质形成和提高的基础。没有知识做基础，素质的养成和提高便不具备必然性和目的性，但只有丰富的知识并不等于具有较高的素质。

第三，素质是一种相对稳定的心理品质，由于它是知识积淀、内化的结果，因而它具有理性的特征，它又是潜在的，是通过外在形态（人的言行）来体现的，因此，素质相对持久地影响人对待外界和自身的态度。因而，也有专家将素质概括为人对自然、社会、他人以及自身的态度。

当然，我们并不能因为素质的相对稳定性就断言素质一旦形成就是一成不变的，正如我们前面所言，素质是可以培养、造就和提高的，因而它又会在外界的影响下，发生变化，有时可能是质的变化。从这一意义而言，素质是稳定性和可变性的统一。从高等教育的角度来看，素质应包括四个方面，即：思想道德素质、文化素质、业务素质、身体心理素质。也就是通过教育在这几个方面形成的相对稳定的心理品质，知识是素质形成和提高的基础，能力是素质的一种外在表现，素质与知识、能力密切相关，但素质是更加深层次的，提高素质的过程也更加复杂。

以上就是周清远同志关于素质的基本观点。这种观点把素质定义为相对稳定的心理品质，但是这种品质应该是一定的心理结构系统的品质，不能脱离心理结构系统孤立存在。

为了进一步推进对素质教育的研究，中央教育科学研究所成立了"素质教育的概念、内涵及相关理论"的课题组（其研究成果发表在《教育研究》2006年第2期），他们对素质概念的定义是："素质即人所具有的维持生存、促进发展的基本要素，它是以人的先天禀赋为基础，在后天和教育的影响下形成并发展起来的内在的、相对稳定的身心组织结构及其质量水平，主要包括身体素质、心理素质和社会文化素质等。人的发展是多种素质综合作用的结果，而个体所具有的素质总量与水平状态，不同素质的组合结构及和谐度的不同反映其素质水平的高低，影响其生存状态、成长路径，决定其发展的可持续性的强弱。"

这里把素质定义为一个人内在的、相对稳定的身心组织结构及其质量水平，而不是单纯指心理品质。这是关于素质概念的更完整的定义。

东北师范大学校长史宁中教授和副校长柳海民教授在《素质教育的根本目的与实施路径》一文中指出（该文登载在《教育研究》2007年第8期）："科学概念的基本内涵应该是永恒的，但具体内涵则应该是发展的。素质，从其总体构成看，应该包括自然性的素质（如先天的遗传）、通识性（普遍的）的素质（如社会公德）、专业性的素质（如医生、律师、艺术家的专业知识与能力）。"

目前，我国素质教育中所使用的"素质"一词，其具体内涵应当是：人通过合适的教育和影响而获得的各种优良特征，包括学识特征、能力特征和品质特征。对学生而言，这些特征的综合统一构成了他们未来从事社会工作、社会活动和社会生活的基本素养或基本条件。学识特征主要是指基础知识、基本技能、基本思想和基本活动经验；能力特征主要是指发现与提出问题的能力，分析与解决问题的能力，能力的集中表现是智慧，智慧的基础是演绎思维与归纳思想两种思维方法的交融；品质特征主要是指道德修养、精神境界和个人品位。这里史宁中教授把素质定义为通过教育获得与形成的各种优良特征，有助于提高教育的针对性、目的性。特别是他们提出了把"双基"改为"四基"，把"双能"改为"四能"，对我们理解素质的内涵、推进素质教育很有启发。"双基"就是基础知识、基本技能，这是我们在过去一直强调的，"四基"则是在"双基"的基础上增加了"基本思想"与"基本活动经验"。

基本思想是指一门学科的主线或一门学科内容的体系结构。对于一名教师来说，讲好一门学科的基础知识和基本技能固然是必要的，但在讲好知识的同时更应当让学生清晰了解知识的产生过程、知识间的相互联系以及整个知识体系的框架，从而帮助学生理解知识本身蕴含的思维形式和思维方法。

基本活动经验是指学生亲身或间接经历了活动过程而获得的经验。从培养创新型人才的角度来说，教学不仅要教给学生知识，更要帮助学生形成智慧。知识的主要载体是书本，智慧则形成于经验的过程中，形成于经历的活动中，如教师为学生创造的思考的过程、探究的过程、抽象的过程、预测的过程、推理的过程、反思的过程等。智慧形成于学生应用知识解决实际问题的各种教育教学实践活动中。通过这些活动，让学生亲身感悟解决问题、应对困难的思想和方法，就可以逐渐形成正确思考与实践的经验。

所谓"双能"，是指解决问题与分析问题的能力，这是我们在过去的教学中一直强调培养的。"四能"则是在"双能"的基础上再加上发现问题与提出问题的能力。培养分析问题与解决问题的能力无疑是重要的，但从逻辑层次和难易程度分析，分析问题与解决问题是从已知条件出发求了未知，而发现问题与提出问题是要在未知的情况下进行。因此，发现问题与提出问题比分析问题、解决问题更重要，难度也要高。

对学生来说，发现问题更多的是指发现了书本上不曾有过的新方法、新观点、新途径，以及知道了以前不曾知道的新知识。这种发现对教师来说可能是微不足道的，但对于学生而言却是难得的，因为这是一种自我超越，可以获得成功的体验。学生可以在这个发现的过程中领悟很多东西，逐渐积累创新和创造的经验，可以培养对学习的兴趣，树立进步的信心，激发创造的激情。

在发现问题的基础上提出问题，需要逻辑推理和理论抽象，需要精准地概括。在错综复杂的事物中能抓住问题的核心，进行条分缕析的陈述，并给出解决问题的建议。提出问题的关键是能够认清问题、概括问题。问题的提出必须进行深入思考和自我组织，可以激发学生的智慧，调动学生的身心进入活动状态。学生只有多次在这样的思维方式训练下，才能逐渐形成创新意识、创新精神和创新能力。

以上介绍了三种关于素质的阐释。三种阐释在实质上是基本一致的，但分析的角度略有不同，在第一、第二种阐释中，只有简练的概括说明，没有进一步深入分析。而要真正掌握素质概念，必须进行更加深入的分析。为了引导大家进一步研究，根据我们在多年教学实践中的探索，我们认为：素质是在人的先天生理基础上，经过后天教育和社会环境的作用，在个体自身实践经验的积累中，以及主动思考并探索的基础上，由个体所掌握的知识、经验及动手操作的技能，通过个体的构建活动后内化、升华而形成的内在的、相对稳定的身心组织结构系统及其品质。

这一定义与前述的第二种定义实质上是一致的，即认为素质是人内在的，相对稳定的身心组织结构系统及其品质。但这一定义也有以下两大特点：一是强调了个体实践经验、主动思考以及动手操作技能在素质形成、发展中的重要作用，个体不是被动地在环境和教育的影响下形成素质的，而是主动参与的，其主动性的高低对素质发展的影响极大。只有自己才是培养提高自身素质的第一责任人，要充分发挥自身的主动性、积极性。二是强调了要通过个体的心理构建活动，使知识、经验和操作技能得以内化和升华，才能形成和发展素质。培养提高素质就要在心理构建活动上下功夫，只有通过心理构建活动，才能形成心理结构，因此要研究心理构建活动的规律，提高心理构建活动的效率，促进知识、经验和操作技能更快、更好地内化和升华。

根据上述定义，素质实质上就是个体内在的、相对稳定的身心组织结构系统及其品质。身心组织结构系统包括身体结构系统和心理结构系统，心理结构系统又包括认知结构系统、组图结构系统和修改结构系统。认知系统是在知识、经验内化后形成的认识系统，包括信仰、信念、理想、世界观、人生观、价值观，以及生态意识、生命意识、社会意识、自身意识、专业意识等。能力结构系统是生活经验与操作技能内化后形成的，又与认知系统紧密联系。个性结构系统包括情感、意志、性格、兴趣、爱好等。这里所说的心理品质是广义的，既有认识和智力方面的，也有情感、意志、性格、兴趣等个性方面的；既有文化专业方面的，也有思想道德方面的；既有观念、理论方面的，也有实践、操作方面的等。例如信仰、信念的正确性、坚定性，世界观、人生观、价值观的正确性、深刻性和坚定性，道德观念、道德规范的正确性等。从认知和智力方面来看，如观察的全面性、细致性和准确性，记忆的牢固性和准确性，思维的广阔性、深刻性、新颖性、灵活性和创造性，想象的丰富性、清晰性和创造性等。从个性方面看，如兴趣的广泛性、专注性和持久性，情感的丰富性、强烈性和高尚性，意志的性和耐受性，以及性格的坚强性、包容性和适应性等。所有这一切，都是素质的具体方面。正因如此，素质是一个非常庞杂的系统。

二、素质的特征

素质的特征可以简单概括为五个统一，即遗传性与习得性的统一、自然性与社会性的统一、稳定性与发展性的统一、潜在性与现实性的统一、共性与个性的统一。

1. 素质是遗传性与习得性的统一

人的素质不是先天的、生来就有的，因而不是先天遗传因素。但先天遗传因素是人素质形成和发展的前提条件和物质基础，后天的教育和社会环境的影响，以及自身实践则是素质形成和发展的决定性因素。因而，人的素质是教育和学习的结果，是可以自觉主动地培养、造就和提高的。但另一方面，如果缺乏遗传因素这个物质基础，要形成和发展素质也是不可能的，因而素质是遗传性和习得性的统一，是生理因素和心理因素的统一。这里还要强调，虽然生理因素更多地决定于先天遗传，但环境影响和教育对促进生理因素发展同样重要。例如脑细胞活动的强度和效率、神经联系的速度等都是可以在后天适当刺激的作用下，特别是有针对性、有计划的教育训练的作用下得到高度发展的。

2. 素质是自然性与社会性的统一

人是自然属性与社会属性的统一。自然属性主要指人的身体结构、神经系统和感觉器官的生理特征，社会属性则主要指人的各种社会关系，以及社会文化对人的影响。人的素质是在人的自然属性的基础上，在社会文化的作用下被培养、发展起来的，素质是自然性与社会性的统一。

3. 素质是稳定性与发展性的统一

由于素质是人的身心组织结构系统及其品质，是知识经验内化升华的结果，素质一旦形成就难以改变，因而具有稳定性，但身心组织结构系统并不是一个封闭不变的系统，而是一个开放的系统，是一个由上下左右、纵横交错的神经联系按照一定的结构组织起来的网络系统，是一个不断获取信息、加工信息并产生新的信息的发展系统，每一次新的学习，都会为这个系统增添新的组元和联系，会对原有系统产生或多或少的改进和变革，素质也就会有相应的扩充和发展，因而人的素质是稳定性与发展性的统一。

人的心理结构系统是一种能够不断自我创新的发展系统。这种创新，既来自内部的激发，也来自外部的激发。心理结构系统在内容上表现为一定的知识经验结构，也叫认知结构。这种结构是处于动态中的，它有动力源，就是人的精神需要。在这种需要的推动之下，它总处在不停地运动中，总在寻求各部分知识经验间的更本质的联系，总在寻求知识经验中隐含的更加深层次的规律，一旦找到了这种联系或规律，认识就会发生一次飞跃，一次突破，也就是一次自我创新。这种突破，往往以某种顿悟的形式出现，心理结构系统也随之进一步优化。

在外界信息和实践活动的激发下，心理结构系统也会进一步发展和优化。这种发展，往往采取两种基本形式。一是系统的扩展与融合，表现为对新信息、新知识的吸收，新的联系、新的网络的建立，与原有结构系统的协调配合和融合，使原有系统更加充实和完善。另一种方式是对原有心理联系的否定和更新，对原有心理结构的改建、重组，使之更正确，功能更强。可以说，任何人都会存在认识误区，都需要通过学习和实践来进行改进和更新。20世纪最伟大的科学家爱因斯坦在科学问题上也有过错误的认识，他曾断言几乎没有任何迹象表明能从原子中获取能量。所以，任何人都要对自己的心理结构系统进行改进和更新，在当前科技、社会、经济都在快速发展的情况下，如果不能与时俱进，就会跟不上形势，就会落伍，甚至会被淘汰。高素质人才没有终身制，培养、提高素质不能在短期进行，需要毕生的努力。

4. 人的素质是潜在性与现实性的统一

人的素质是内在的，因而素质具有潜在性，但人的素质又一定会通过人的言行表现出来。我们是根据人的现实表现来判断、评价人的素质的，因而素质也具有现实性。素质的相对稳定性使素质能相对持久地影响人对待外界事物和自身的认识和态度，左右人的行为准则和行为方式，左右人进行活动的效率。因此，我们可以根据人在实践活动中的具体表现来间接地了解、判断、评价人的素质。由于人在不同的环境中往往会有不同的表现，因此对人的素质的认识就需要一个过程，需要通过多方面的考察，有时甚至需要经过长期的考察，才能够准确地评价一个人的素质。对教育来讲，就是要找到更快、更准确地了解和判断一个人的素质的办法，更好地、更有针对性地培养和提高人的素质。现在不少岗位在招聘人才时往往既要笔试，又要面试，笔试能较好地了解一个人掌握知识、分析问题的情况，而面试往往能更好地了解和判断一个人的素质发展水平。英国卡文迪什实验室是世界最有名的科研机构之一，它培养了许多获得过诺贝尔奖的科学家。它在招收研究生时也有笔试，但笔试的成绩只作为参考，录不录取主要取决于专家组对考生进行的半天面试。在面试中专家组往往提出各种各样的问题，这些问题不一定属于考生所报考的专业范畴，专家组就是根据这样的面试，来了解、判断考生的综合素质并决定其是否被录取。当然，通过一次笔试和面试想要准确而全面地了解一个人的综合素质是很困难的，因此，用人单位往往还规定了一定的试用期，进一步考察所招聘的人能否胜任工作。

5. 人的素质是共性与个性的统一

每个人都生活在一定的社会和群体之中，社会、群体与个体相互作用的结果，使得个体素质中包含了社会、群体中一些共性的内容，特别是社会的主流意识形态、价值观、历史文化传统等的影响，往往使个体素质融入了这些成分，因而个体素质都有共性。但由于先天条件和后天社会经历的不同，每个人素质的特点和发展水平都是不一样的，素质具有鲜明的个体性、独特性，不应也绝不可能强求一致。只有根据每一个人的素质的独特性来培养发展其素质，才能收到更好的效果，这是培养和提高素质的一个重要规律。2004年中央电视台记者曾经采访过世界著名数学家陈省身教授，当记者问陈教授年轻时为什么选择数学这个艰深的专业时，陈教授回答得非常深刻、中肯。他说："我有一个优点，就是知道我哪些地方不行。我年轻时体育不行，跑步还跑不过女同学，跑百米要20秒；我音乐也不行，听歌分不出好坏，再好听的歌我也觉得吵得很。但我对数学很有兴趣，所以就选择数学。"陈教授的话生动地说明了一个道理：世界上任何人的素质发展水平都不是齐头并进的，而是有长、有短，有优、有劣，在某些方面有优势，发展就快一些、好一些，在另一些方面没有优势，发展就困难一些、差一些。这里有一个重要原则，就是要把重点放在自己的优势方面，而不是劣势方面，对劣势方面的发展要适当降低要求。人的素质发展是千差万别的，有的人可能各方面的发展比较均衡，有的人各方面发展差别就大一些，还有的人各方面发展差别很大。而且往往有这样的现象：差别大一些的人在其优势方面往往更突出，而发展均衡的人有的反而表现平平，这是因为差别大的人其心理资源往往集中在优势方面。前两年浙江省在高考录取中发生过一场争论，有一些高中毕业生仅在某一方面成绩突出，而其他几科成绩都较差，例如，有两个女同学，一个在高中时热衷写小说，并且出版了自己的文学作品，另一个出版了自己的诗集，但两人的数学都不好，如果参加高考，总分肯定不理想，对这样的所谓"偏才"，高校应不应该破格录取？后来这两个学生还是分别被两所重点高校录取了。虽然有争论，但实际上促使了我们去思考怎样更好地评价一个人的素质。

在人的素质发展问题上，要承认多样性和独特性，不能强求一致；不能简单地用好或差、高或低来评价一个人的素质发展特点和水平；更不能给素质打分，用分数来反映素质的发展水平。我们既要全面发展素质，又要突出特色。这里的全面是指素质全面，即身体素质、心理素质和社会文化素质都要得到发展，综合素质或者整体素质较好，绝不是学科全面，而是有所侧重、有优势、有特色地整体发展。因此，每一个人都要认清自身的优势和不足，采取更加适合自己的方法，更好地发挥自己的优势，发展自己的特色，在特色发展中求得整体素质的不断提高。

第二节　素质结构

人的素质是一个庞杂的系统，有其特定的结构和组成要素。只有认识了素质的结构，才能更好地认识素质的本质。由于素质的复杂性，人们往往从不同的角度来分析素质的结构，每一种新的科学分析都能使我们进一步加深对素质本质的认识，但每一种分析又是从某一个侧面来认识素质的，因而就都有其局限性，把各种分析综合起来，就能使我们更全面、更系统地认识素质的本质。这里我们重点介绍五种分析方法。

一、身体素质、心理素质和社会文化素质

"素质教育课题组"认为，人的素质"主要包括身体素质、心理素质和

社会文化素质等"，关于素质结构，其课题报告中只提了这一句，没有进一步分析，这也是目前比较通用的分类方法。

（一）身体素质

身体素质是人的素质的物质基础，它为人的素质发展提供能量、提供物质支撑。笔者认为，身体素质应包括体形、体力、体质、体能四个方面。体形是身体外在形态，本不是素质，但在体形塑造中却体现了一个人的素质，由于当代社会人们很关注体形塑造，所以在这里也列为身体素质的一项。体力表现为身体的力量，是否强健有力是身体素质好坏的一个重要标志。体质表现为身体各部分、各种器官的质量和功能强弱，还表现为身体抵抗力的强弱。体能则表现为身体各组织器官的功能，特别是脑神经活动和各感觉器官的功能，这些功能将直接影响其他心理素质的质量。

（二）心理素质

这里讲的心理素质是狭义的，是不包括社会文化素质的，主要是指心理活动的特性和品质，包括三方面。第一方面是心理倾向性，包括需求、动机、兴趣、爱好等，它会使人努力从事某些活动，排斥抗拒另一些活动，努力去获取某些信息，排斥抗拒另外一些信息，使人的行为有倾向性和选择性。另外，当某种信息符合个体的精神需求，激发了个体的某种心理联系时能使个体产生震撼和启发，产生强烈共鸣，从而深深地在头脑里扎根，甚至终身不忘、终身受益。许多人都有这样的体验，小时候经历的某件事，或者是听到的某句话，或者自己从书报上看到的某句话，由于给自己以极大的启发而终生难忘。因此，我们就要考察和研究，个体有些什么样的精神需求，怎样激发他的精神需求，通过创设什么样的教学情境，提供什么样的刺激（信息、形象、语言），从而激发和解决个体心理上的矛盾，使个体产生强烈共鸣，大大加快知识经验内化、升华的速度和质量，提高培养发展素质的效率。从个体自身来讲，要努力把一些重要问题放到头脑中思考，使自己总是处于一种问题状态、探求状态，这样就容易在外界信息的触发下得到更大的启发，甚至有豁然开朗之感，我们称这种现象为心理触发效应或共鸣效应。俗话说，"听君一席话，胜读十年书"。这种情景正是心理共鸣效应的生动写照。

心理素质的第二个方面指心理品质，包括智力因素和非智力因素。观察的细致性、周密性、准确性，记忆的牢固性、准确性、清晰性，思维的深刻性、批判性、敏捷性、灵活性、独创性，想象的丰富性、创造性等，这些都属于智力因素品质，这些品质都是可以被有计划地进行培养的，培养智力因素品质是发展智力的突破口。非智力因素品质包括情感的稳定性、持久性、强烈性，意志的坚定性，性格的包容性、开朗性等，发展这些品质是提高心理素质的基本内容。

心理素质的第三个方面是指心理的自控性，包括自信、自觉、自律、自尊，以及承受挫折失败的能力，对精神刺激的耐受力，对心理伤害的康复能力等。

（三）社会文化素质

社会文化素质是个体与社会文化相互作用后形成的素质，是在身体素质、心理素质基础上发展形成的，处于个人素质发展的最高层次，在人的素质结构中占主导地位，标示着人的整体素质的性质、方向和水平，集中体现了人的本质。社会文化素质又包括思想道德素质、文化素质、专业素质三大方面，其具体内涵将在下一部分说明。

二、思想道德素质、文化素质、专业素质、身体心理素质

从教育的角度出发,往往把人的素质概括为四个方面,即:思想道德素质、文化素质、专业素质和身体心理素质。

(一)思想道德素质

思想道德素质是指一个人的信仰、信念、理想追求,其核心是世界观、人生观、价值观、道德品质、行为规范等。思想道德素质是根本、是灵魂,在整个素质结构中处于主导和统率地位。

(二)文化素质

文化素质是指人的文化功底、人文修养、文化品位等,它是其他各方面素质发展的基础。没有一定的文化基础,思想道德素质也达不到较高的境界,专业学习也会很困难,也难以提升身体心理素质。因而文化素质是处于整体素质的基础地位。

(三)专业素质

专业素质是指从事某种专业工作所应具备的基本素养,任何人都是通过一定的专业工作来为社会贡献。

(四)身体心理素质

身体心理素质是整体素质的物质和心理基础。这里把身体心理放在一起是把身体心理视为身心统一体,把身体健康理解为身心健康。健康不仅是没有疾病,还要有良好的生理、心理状态和适应社会能力,也就是身体心理素质较好。

素质教育就是要通过教育培养使学生在这几个方面都形成相对稳定的身心结构和身心品质。以上这几个部分不是孤立存在的，而是相互作用、相互渗透，并作为一个整体而存在和发展的。因此，在教育培养过程中，就要处理好这几部分素质的相互关系、促进各部分素质和谐发展，形成有自我特色的、优化的素质结构。

三、科学素质、人文素质、身体心理素质

从知识经济发展要求的角度出发，人的素质结构可分为科学素质、人文素质、身体心理素质。

科学素质包括掌握必要的科技知识，树立科学思想、掌握基本的科学方法，培养求真务实、勇于探索的科学精神，提高应用科学处理实际问题的能力和创新能力。人文素质是指掌握必要的人文基础知识，树立正确的人文思想，掌握基本的人文方法，培养高深的人文精神。

科学是立世之基，人文是为人之本。科学是研究、认识、掌握客观规律的学问，是要求人们符合客观规律办事，是求真。科学回答的问题是：是什么？为什么？一切违背科学的必遭失败，这是不以人的意志为转移的客观规律，科学是一切的基础，是立世之基。

人文，是人对自身、社会和世界的认识，是对人生目的、人生价值的认识和追求，是人的精神世界的需要。人文要解决的问题是：应该是什么？应该如何做？是求善、求美。人文体现为人具有较高的道德水准，正确的价值观，健康的审美意识，热爱生活、热爱祖国人民的情感，鲜明的个性特征和丰富的内存精神世界。因此，人文是为人之本。

要成功，必须合乎科学，但合乎科学，却不一定能成功。因此，科学必

须以人文为导向。同样，合乎人文也不一定成功，如果违反科学，可能事与愿违。科学与人文是相辅相成、不可或缺。

在知识经济社会，其核心生产要素是知识。这种知识，既是高度分化的，又是高度综合的。反映到教育上，必然要求科技教育与人文教育相互协调和配合。

知识经济是世界一体化的经济和决策知识化的经济。信息网络技术的发展给人们带来了大量的信息，只有科学知识与人文知识的配合，才能形成处理和运用信息的综合能力，发挥多学科优势有效地解决复杂问题。因此，要求学科技的大学生要学一些人文知识，学人文学科的大学生也要学一些科技知识。

知识经济是基于知识创新和技术创新的经济，要求大学生具有较强的创新能力。而培养创新能力，就要求科学与人文的融合，科学思维与人文思维的互补。对此，著名科学家钱学森有精辟论述，他说："一个有创新能力的人不但要有科学知识，还要有文化艺术修养。艺术上的修养对科学工作很重要，它能够开拓科学创新思维。"爱因斯坦也说过："物理给我知识，艺术给我想象力。知识是有限的，而艺术开拓的想象力是无限的，它可以概括世界的一切。没有想象力就不可能产生创造力。"

另外，科学方法与人文方法的协调配合，能大大增强人的实践能力、创业能力和职业转换能力。科学方法主要是逻辑分析、量化实验，人文方法主要是反思、体验、感悟。科学也需要直觉和灵感，而直觉、灵感很多来自人文和艺术。因此，只有科学方法和人文方法的协调配合，才是获取成功的保证。钱学森说："从人的思维方法来看，科学研究总是运用严密的逻辑思维，但科学工作往往是从一个猜想开始的，然后才是科学论证。也就是说科学创新的思想火花是从不同事物的大跨度联想激活开始的。而这正是艺术家的思维方法，即形象思维。接下来的工作是进行严密的数学推导计算和严谨的实验验证，这就是科学家的逻辑思维了。换言之，科学工作是源于形象思维，而终于逻辑思维，科学工作是先艺术而后科学的。"钱学森还感叹："科学与艺术的结合不是简单的结合，而是文理相通，辩证统一。两者（科学与人文、艺术）若不结合，终不能成大器。"钱学森的这些话，深刻说明科学与人文必须结合的重要性和必要性。

总之，科学是立世之基，人文是为人之本。院士杨叔子指出："科学文化没有国界，不具有独特的民族性，主要提供工具理性；人文文化则具有民族性，主要具有价值导向作用，为人类提供价值理性。"科学是一种认识体系，人文是一种伦理体系，科学主要讲客观世界即"天道"，人文主要讲主观世界即"人道"，科学承认客观，人文关怀客观，坚持科学素质与人文素质的统一，就能实现合规律性与合目的性的统一，就能正确对待自然，正确对待社会，正确对待他人，正确对待自己，就是一个高素质的、高尚的人。

四、理性素质、感性素质、情感素质、身心素质

学者周海宏认为，从其概括的素质结构来看，完善的人应该具有以下四种素质：理性素质、感性素质、情感素质和身心素质。

理性素质指的是人获得知识、分析问题、解决问题的根本能力。广博、扎实的知识，清晰、严谨的逻辑与积极、活跃的思考是其构成要素。它是人类征服自然，创造物质文明的根本力量。它的活动领域是科学，它的本质力量是对"真"的追求。

感性素质指的是人感受世界，欣赏、体验生活幸福、自然之美的能力，同时，它也表现为人对良好感性环境的需要。它的构成要素是感受能力、欣

赏能力、体验能力和对良好感性体验的需求。它是人类美化生存环境，创造艺术的根本动力，也是环境意识的内在心理需求。它的活动领域是艺术，它的本质力量是对"美"的追求。

情感素质指的是人与人之间友爱、关怀、互相帮助的内在需要。它的构成要素是爱的情感与对群体的关怀。与理性能力相结合，它是人重大局、重群体利益的情感基础。它的活动领域是道德，它的本质力量是对"善"的追求。

身心素质的构成要素是健康的身体——身体健康及体能良好，和健康的心理——不易受到心理伤害，且具有良好的心理伤害自我修复能力。

理性素质的重要性已是人所共知，但感性素质的重要性还没有被人们充分认识到。从个体的角度讲，没有感性素质就没有体验美好生活的能力。社会发展的根本方向是创造全人类的幸福，而幸福社会的前提是每个个体都具有体验幸福的能力，这就需要培养每个人的感性素质。如果一个人面对美丽的大自然——视觉的美，在优美的音乐环境中——听觉的美，吃着珍馐佳肴——味觉的美，闻着鲜花的芳香——嗅觉的美，而毫无美的享受，那么他也谈不上幸福。促进每一个人感性体验能力的提高，是提高社会生活幸福感的前提。拥有良好的物质生活条件的社会，与拥有生活幸福感的社会并不完全同步，物质文明建设与创造幸福社会之间必须有个体的素质的环节——感性体验能力。缺少感性体验能力的人，存在着过于偏重实用性因素，而缺少生活幸福感体验的问题。从群体角度讲，没有感性素质的群体，就没有创造良好感性环境的能力，也就没有创造高水平物质文明的能力。

服装、建筑、建材与装修、工业设计……所有这些行业都是具有感性素质的人创造出来的。现代物质文明产生的基本特征就是实用性能与感性样式并重。

五、关于素质的"四格"结构

湖南师范大学教育科学学院教授周庆元在《教育研究》（2005年第7期）上撰文，认为学生的全面素质应由"四格"组成：即体格、心格、智格、行格。这里的"格"有品质的含义。体格，即身体素质，包含体形、体力、体质。心格，即精神素质，包括个性心理品质（心理素质）和思想品质两个要素。智格，即智力素质，包括知识和技能两大方面。行格，即行为素质。这里提到的行，不仅指"品行"中"行"的内涵，而且还指人的一切实践，它包含了行为和仪态两个方面。其中"行为"包含行为习惯、行为规范、行为动力和行为品质等，"仪态"包含了身仪、言仪和行仪。

行为习惯可分为良好习惯、不良习惯和中性习惯；行为规范可分为有规范性行为、无规范性行为；行为动力可分为正向动力和负向动力；行为品质可分为优良品质、不良品质。身仪中有别于作为有机体的"身体"，除体形外，还包括发式、容颜、衣着、精神状态、年龄特征等的体表形象；行仪指举手投足所表现出来的一种气质状态和行为形象；言仪指由言谈的内容、语气语调、语速语量、语音语质等综合体现出来的语言形象。

体格、心格、智格、行格构成了一个人完整的形态，四格各自以自身独特的内涵而存在，又互相交融，不可分割。体是构成一个人的基础，"心"和"智"则是四格的核心，是人的主体内涵，"行"则是"体格"状况的表现和"心""智"水平的外化。

"四格"理念把个性心理素质与思想品质并重，把以"行为素质"为内容的"行格"看成主结构的重要板块。行格作为把体格、心格、智格三大基本素质的外化、发散和升华，在人的素质体系中有着重要的地位。任何品质的体格、心格、智格都必须通过行格来表现，没有行格，体、心、智就是无用的，行格需要被严格地培养。关于行格的分析是素质四格结构中最精彩的部分，值得我们学习借鉴。

以上比较详细地介绍了当前学术界比较流行的关于素质结构的五种分类方法。之所以要介绍，是为了说明素质的结构很复杂，可以从多方面进行探讨。虽然这五种分类方法在本质上是一致的，但由于分析角度不同，就都有其突出的亮点，对我们很有启发，值得学习借鉴。由于人的素质是内隐的，我们无法直接认识和测量，只能通过素质的一些外显的表现来判断。从教育的角度看，也只有从这些外显的方面进行培养，才能有效地提高学生的素质。笔者认为，根据素质的外部表现来构建一个素质教育目标体系框架是必要的，这样可以进一步提高培养学生素质的目的性、针对性和自觉性。根据这样一个思路，笔者认为学生的素质是由六大系统构成的，即知识系统、观念系统、精神品质系统、能力系统、行为素质系统和身体素质系统。相应地也可以称为知识素质、观念素质、精神品质素质、能力素质、行为素质和身体素质。因为人的素质高低总是表现为掌握了比较系统的知识，并且在知识内化的基础上形成了一系列观念、理念、信念和意识，也表现为一定的能力、精神品质和行为规范等。因此，我们就从这六大方面来构建素质结构。

六、六大子系统的素质结构

（一）知识系统

知识不是素质，但个体若真正掌握了知识则是素质的表现。所谓真正掌握，就是掌握了知识的实质、知识的结构、知识的体系，这样的知识，就是素质形成和提高的基础。因此，实施素质教育，丝毫不意味着要减少对知识的学习与掌握，而是要学得更扎实、更深刻，不断提高掌握知识的质量。这里的知识是广义的，不但包括书本知识，也包括实践知识和经验。在知识经济时代，知识的概念和人们对知识的认识都发生了变化。知识经济是以知识为基础的经济，是以知识的生产、转让和使用为主要活动的经济。知识经济中所涉及的知识不限于科学技术知识，还包括人文知识、社会科学知识、商业知识、日常生活和工作中的经验知识，人们获取、运用和创造知识的知识，以及对面临问题做出的判断的知识和提示解决方案的知识。从另一个角度看，知识还可以分为可编码的知识（如科学技术知识）和意会知识（如个人在实践中所掌握的某种诀窍、奥妙和领悟），前者可以被记录下来，可以传递、储存和复制，后者与个人经验、背景密切联系，无法用语言完全表达出来。这两种知识都很重要。钱学森曾说："科学研究方法包括两个方面：一个方面是成本成章的系统的理论，也就是可以写清楚、讲清楚的学问，能由先生口授，学生听课或通过自习看书而获得的科学研究本领，其中最根本的就是马克思主义哲学。这些书本知识是任何做科学研究的人必须学的。但只学了书本知识还不够，问题在于学了，把书背熟了，还要在研究实践中灵活运用，把书本上的知识变成活生生的方法和工具。这可不容易，这是科学研究方法的第二个方面。一位青年人要学这个本领，最好的办法是拜有科学成就的人作老师，从老师的研究实践中领会。这个方法也包括去参加一个活跃的学术讨论集体，大家讨论学问，畅所欲言，最后问题终于被弄清了。青年人就是在这样的实践中逐渐领悟到搞科研的真本领：如何抓问题的关键，如何认识死胡同（此路不通），如何从失败中总结教训，迅速走上大道，如何敏锐地发现有希望的苗头等。这方面的学问还没有形成一门科学，只能意会，不可言传。"钱学森的这一段话，精辟地说明了关于科研方法的可编码知识和意会知识的区别，以及两种知识的重要性，而意会知识只能靠自己在实践中探索、领悟和积累。

世界经济与合作组织的报告《以知识为基研的经济》把知识经济中的知识分为四种类型：知道是什么的知识（KNOW——WHAT），即关于事实方面的知识；知道为什么的知识（KNOW——WHY），即关于自然原理和规律方面的知识；知道怎样做的知识（KNOW——HOW），即关于做事情的方法、技巧和诀窍等方面的知识；知道是谁的知识（KNOW——WHO），即关于谁掌握和创造了这种知识，要到哪里去寻找这种知识；后两种知识的掌握实际上体现为人的能力，所以在知识经济中，能力的提高在很大程度上是通过相关知识的掌握来实现的，我们可以把这些相关的知识叫作能力知识。

综上所述，素质系统中的第一个子系统——知识系统，包含四方面的知识或四个知识群：学科知识、意会知识、能力知识和信息知识。

（1）学科知识。这是整个知识领域的基础，也是人的全面素质的基础。在知识类型上主要包括关于是什么的事实知识和关于为什么的原理知识；从知识范围来看包括自然科学知识、社会科学知识和人文学科知识。这些知识的核心和精华大多体现在学校的各门课程之中，这些知识是可以在尽可能多的方面和尽可能长的时间里发挥作用的。可以通过多种教学活动来达到对这些知识的学习和掌握，其掌握的程度也是可以被评价和测量的。

（2）意会知识。这是关于生活经验，关于看人看事的眼力、判断能力等方面的只能意会，难以言传的知识。主要通过学生的实践活动、人际交往、日常生活和学校教育获得。

（3）能力知识。能力不是知识，但能力中包含知识经验要素。例如关于如何创新知识的知识，判断应该怎样解决问题的知识，怎样做的知识和解决问题的诀窍方面的知识。通过对这些知识的学习有利于人们提高创新能力和解决问题的能力。例如，某个学生学习了相关的数学知识，但数学能力却没有得到相应的提高，原因是他不善于从一个具体的数学问题中感受其中隐含着的数学信息，抓不住其中的关键，不能从个别中看出一般的关系，不善于把一些东西看成一个整体进行更高层次的概括，不能展开更广阔的联想，而所有这些都是可以通过知识的学习来弥补的。如果我们重视教给学生如何从具体问题中感受数学信息的知识，如何从个别情境中找出一般关系的知识，如何进一步展开联想的知识，学生的数学能力是可以提高得更快的，而这些正是我们以前的教学较为忽视的。因此，在素质教育的目标指标体系中，应设立具体的能力知识目标，主动、自觉地实施能力知识教育，这是培养提高能力的有效途径。

（4）信息知识。指如何获取信息、加工处理利用信息的技术和方法方面的知识，以及寻找所需要知识的知识。在知识经济中，由于知识创新的速度大大加快，人们不可能也没有必要去学习掌握大量的知识，而是要掌握如何获取知识的知识，也就是要掌握信息技术的知识。由于这些知识在未来社会中有着重要作用，所以这里把它作为独立的知识类别。随着信息量的急剧增加，为了不至于在信息海洋中被淹没，必须掌握能快速查找所需要知识的知识，提高对信息进行识别、选择和利用的能力。

良好的素质结构不仅体现在对这四部分知识的掌握上，更体现在优化的知识结构和灵活运用知识的能力上。

（二）观念系统

它是个体所掌握的知识经验内化、升华后在头脑中形成的一系列观念和意识的总和。其核心是人的理想信念，科学的世界观和正确的人生观、价值观。对大学生来说，要着重确立以下十个方面的观念和意识：

（1）生命观念和生命意识。懂得生命的意义，能尊重生命、珍视生命、关爱生命。能坚持健康的生活方式，呵护生命、发展生命。懂得生命是个人和社会的统一，身体和心理的统一，人的能动性、受动性和符合目的性的统一。能动性表现为人作为认识和实践主体的自觉性、自主性、自立性和创造性，受动性则是人的存在及其活动的受制约性。能动性是人的内在的生命活动，受动性则是外在的制约因素，只有按照符合目的性的要求，在满足社会需求的前提下，做到内在的能动性与外在的受动性的统一，人的能力才能得到充分发挥，个性才能张扬，才能取得事业的成功。只有在不断追求生命意义、生命价值的过程中，进一步去发现和创造新的生命意义，焕发生命的激情，激发生命的灵感，才能实现生命意义的不断超越和升华，谱写更加亮丽的人生。

（2）社会观念。懂得个人与社会的关系，自觉适应社会、融入社会，做到与社会和谐发展，立志奉献社会、服务人民。

（3）学习观念。懂得终身学习的重大意义，坚持终身学习，与时俱进，紧跟时代发展前沿。坚持自我教育、自我发展、自我完善。坚持有自我特色的健康发展和全面发展。

（4）科学观念。懂得一切要从实际出发，要按客观规律办事，坚持实事求是、求真务实。坚持实践是检验真理的唯一标准。

（5）人文观念。懂得人生意义和人文价值，坚持求善、求美。珍爱亲人，友爱朋友，坚持诚信待人、乐于助人，努力营造和谐氛围。

（6）道德观念。懂得道德的意义和价值，坚持培养良好品德，努力把道德要求内化为自己的精神需求，坚持讲道德、讲社会公德、讲职业道德、讲生态道德。

（7）法制观念和法制意识。懂得依法治国是建设现代化国家的必然要求，是社会主义民主政治的基本要求，是基本的治国方略。懂得法律和法制的重大意义，自觉遵纪守法。

（8）竞争合作观念和竞争合作意识。懂得既竞争又合作是现代社会的必然要求，是促进社会和个人发展的一种机制。既敢于竞争，主动迎接竞争，又善于与人合作，力求互利双赢。努力把竞争转化为动力，促进工作的开展和事业的成功。

（9）生态观念和生态意识、环保意识。懂得人与自然的关系，懂得实现人与自然和谐发展是社会可持续发展的基本条件。懂得生态环境是提高人的生活质量、生命质量的第一要素。自觉保护生态环境，努力促进生态环境的健康发展。

（10）相关专业观念。每个人都在学习某一个专业，每一个专业都有一些相关的基本观念，这些知识是学生所必须掌握的。

（三）精神品质系统

指人的素质在人的精神风貌、言行品质方面的体现。具体归纳为十个方面。

（1）理想远大，信念坚定，心态积极、乐观、平和，有奋发进取和自强不息的精神。

（2）胸怀广阔。胸中有自己，有他人，有人民，有国家，有社会，有世界。容量大，气量大，开朗大度，不为小事生气，不为琐事浪费心理资源，不易受到心理伤害，受了伤害也能较快康复。

（3）视野宽广，眼界开阔。看人、看事、看问题要看得深、看得远、看得准，有洞察力，能透过现象看到本质，有预测力，能看到发展趋势。既有历史眼光、全局眼光，又有世界眼光。

（4）有强烈的历史使命感、责任感和事业心。能从历史和时代的高度审视自己所从事工作的意义，自觉肩负时代所赋予的历史使命，工作认真负责、精益求精。

（5）重诚信，重修养，讲道德，讲法制。以诚信铸就人生，以道德锻冶品质。

（6）良好的智力因素品质。观察全面、周密、细致、深入；记忆牢固、准确持久；思维广阔、深刻、敏捷、灵活、独创；想象丰富、生动、清晰、超越等。

（7）良好的非智力因素品质。注意专注、集中、持久；兴趣强烈、广泛、好奇心强；情感丰富、强烈、深厚、稳定，有强烈的感染力；意志坚强，有毅力、有耐心、能坚持，承受挫折能力强；性格健康，能容人、能与人沟通、与人合作共事等。

（8）科学素质和科学精神。有求真务实、探索创新的科学精神，有尊重客观事实、客观规律和科学的严肃、认真的科学态度，有坚持追求真理、勇于修正错误的品质。

（9）人文素质和人文精神。有较好的人文基础，较高的人文修养、文化品位，有求善、求美、开拓创新的人文精神，认真负责、一丝不苟的敬业精神，艰苦奋斗、自强不息的进取精神。

（10）健康完善的人格特质。有独立完善的健康人格，自信、自强、自律、自尊、自重，同时尊重他人的人格尊严，善于与他人沟通合作，有胆识，勇于承担责任。

（四）能力系统

能力是指人在从事某项活动时，能够快速掌握活动的要求，提高活动的效率，取得活动成功的心理品质和个性心理特征的总和。因此能力是人的素质在活动中的体现，人的能力也总是通过活动表现出来的，活动的特殊性决定了能力的种类。能力可以分为一般能力和特殊能力。一般能力是在各种活动中都起作用的能力，特殊能力是只在某种具体活动中起作用的能力。这里着重介绍十种一般能力和特殊能力。

（1）思维能力。它是能力系统的核心。包括分析综合能力、归纳演绎能力、独立思考能力、求异思维能力、多元思维能力等。

（2）学习能力。包括感受能力、理解能力、领悟能力、快速获取信息能力。

（3）表达能力。包括口头表达能力、书面表达能力、说服他人的能力以及推荐自己的能力。

（4）预见能力。包括洞察细微的能力、敏锐发现新动向的能力、科学预测发展趋势的能力。

（5）实践能力。包括动手操作能力、制订方案并加以实施的能力、计划组织能力、总结实践经验的能力、跟踪决策的能力。

（6）社会适应能力。包括快速适应新环境的能力、主动适应环境变化的能力。

（7）人际关系能力。包括善于与人沟通交流的能力、善于与人合作共事的能力。

（8）领导管理能力。包括决策能力、制订共同奋斗目标的能力、统筹规划能力、组织协调能力、激励下属能力、灵活处理问题的能力。

（9）自我发展能力。包括自学能力、自我教育能力、自我调控能力、自我评价能力。

（10）相关专业能力。这是符合专业要求的特殊能力。

（五）行为素质系统

人的行为本身不是人的素质，但在人的行为表现中所体现出来的人的精神风貌、行为品质等则属于素质的范畴。当前是一个重视个人行为规范的时代，因此，培养提高人的素质也应该从人的行为上着手。行为素质系统主要包括以下四个方面：

（1）坚持良好行为规范，培养良好行为习惯。

（2）注意仪容、仪表，通过衣着、表情等塑造人的外在形象，体现人的精神风貌。

（3）通过语言内容、语气语调、语速语量、语音语质等来塑造个人特有的语言形象，体现人的文化素养、文化品位。

（4）通过举手投足表现个人特有的风度、气质和形象。

第三节　创新素质与创业素质

前面讲的素质结构，是从素质的基本组成要素及其相互联系的角度进行分析的。当一个人具备各方面的基本素质，并且形成了较好的、和谐协调的素质结构后，这个人就是一个有较高素质的人才。而一个有较高素质的人才在从事某项工作或活动时，其综合素质在该项工作、活动上的聚焦，以及其从事该项工作、活动的实践经验的内化，就会形成有利于从事该项工作或活动的特殊素质结构。另一方面，也可以通过教育和学习，培养提高这种特殊的素质结构。当今，最需要重点培养和发展的两种特殊素质是创新素质和创业素质。

一、创新素质

自从十六届五中全会提出要增强自主创新能力，建设创新型国家的号召以来，创新成了时代的主旋律，并且涌现出了一大批高水平的创新成果。

创新是一个内涵很广的概念，主要包括提出新观念、新思想、新理论，发明新技术，采用新方法，开发新产品，获得新材料，创造新艺术等。

创新的形式主要有三种，即原始创新、集成创新和引进消化吸收再创新。原始创新一般是个人行为，或以一人为主的团队行为，是一种单项突破式的创新。个人原创是国家创新体系的细胞。集成创新是指为了一个综合性创新目标，在特定的系统内集成相关的成熟技术和创新成果来实现的创新，集成创新也可说是原始创新的集成。任何一个国家，都不可能在科学技术的所有方面处于世界前沿水平，因此，所有国家都有必要引进国外先进技术和创新成果。在技术引进中，关键在于如何消化、吸收和再创新，有这种能力的国家才是一个创新型国家，否则只能停留在引进生产线、制造产品上，那就只是一个跟随型国家。

提高自主创新能力、建设创新型国家，关键在于培养大批创新素质高的人才，特别是要把大学生都培养成有较高创新素质的人才。

创新素质包括创新意识、创新情感、创新品质、创新精神和创新能力。这几个方面的和谐协调，形成优化的结构，就会有较高的创新素质。

创新意识是在对创新的本质和价值，对创新的重大意义等的正确认识的基础上形成的追求创新的意识、自觉主动创新的意识和敢于创新的意识，是创新素质的认识基础。

创新情感是一种热爱创新的情感，有了这种情感，就会对创新事业产生巨大的热情，就能培养发展浓厚的创新兴趣，就能为创新活动提供巨大的动力。热爱创新的情感不是凭空产生的，它是在对创新的意义有了深刻认识的基础上产生的一种追求创新、坚持创新的历史使命感和社会责任感，这是一种高尚的、持久的情感状态，有了这种情感，就有了巨大的力量，就能激发创新的灵感，就能克服创新过程中出现的种种困难，获得创新的成功。

创新品质主要是一些有利于创新活动的心理品质。主要有思维的独创性、新颖性、批判性，对事物富有好奇心，喜欢探索，喜欢追根究底，有丰富的想象力，具有强烈的问题意识和创新意识，思维活跃，思路宽广，敏捷灵活，对已有结论敢于质疑，对创新有自信心，喜欢接受富有挑战性的创新任务，敢于挑战，经得起挫折，有坚持不懈的毅力，有见识、胆识。

创新精神是一种想创新、爱创新、敢创新的精神；是一种坚持独立思考、理性质疑的批判精神；是一种探索未知、寻求发现的探索精神；是一种打破常规、勇于创造的创造精神；是一种创新不止、不达目的誓不罢休的奋斗精神。

创新能力是指会创新的本领，包括学习能力、思维能力、实践能力、创意能力和与人合作共事的能力。要创新获得成功，必须有较强的学习能力，掌握相关的创新知识，形成有利创新的知识结构，善于发现问题，寻找解决问题的思路，制订合理的创新方案，并有实施方案的能力，达不到预想目标时，还要及时调整方案，直到成功。要完成这个过程，必须有创新意识的指导，创新情感、创新精神的激励，创新品质和创新能力的保证。简言之，需要有较高的创新素质。

大学生要培养创新素质，就要切实推进素质教育，要充分发挥主动性、积极性，主动改革教学模式，由重视同一性、规范性向重视多样性和创新性转变；由被动适应性学习向主动求索、创新学习转变；由死记硬背向主动质疑、体验领悟精神实质转变；由重视听课向重视与老师、同学研讨，重视实践探索转变。要重视发展自己的个性、特色，保护和开发自己的好奇心、创造欲，努力开发自身潜能，激发和培养创新兴趣，培养创新思维能力，分析、综合、归纳、演绎推理能力，发现问题、提出问题的能力，以及分析、解决问题的能力。要主动参与或自己设计带有探索性、实践性、研究性的实验实习，带有创意的设计策划、综合作业和自我创作，体验创新知识和方法，激发创新兴趣，培养创新精神、创新品质和创新能力。要在不断的创新实践活动中，逐步把创新内化为一种精神需求，一种生活方式，一种幸福、快乐的源泉。

二、创业素质

近几年来，大学生自主创业的问题成了社会上的热门话题。早在2002年，教育部就已确定了清华大学、北京航空航天大学等9所大学为我国创业教育试点高校，有步骤、有层次地进行创业教育的探索，社会各界和许多高校也积极参与实施创业教育的活动中。

大学生创业不是应对就业难的"无奈之举"，而是有其必然性。现在不少大学毕业生在找不到满意的工作后，才去考虑创业的问题，以致形成了大学生"无业才创业"的错误认识，这是对大学生自主创业的误解，也不利于创业成功。

大学生学会自主创业是大学生成才的重要途径之一。随着社会经济的快速发展，随着高等教育的普及，社会要求高校不仅要培养出理论家、科学家、工程技术人才，还要培养出大量懂得现代经营管理理念和方法的创业型人才。国际教育界曾有人这样预测，21世纪将有50%的大学生要走自主创业之路。1998年10月在巴黎召开的世界高等教育会议就明确提出："高等学校，必须将创业技能和创业精神作为高等教育的基本目标，为了方便毕业生创业，高等教育应主要关心培养创业技能与主动精神。"

有人说，没有大学生创业就没有美国硅谷。在中国，既有从简单买进卖出中创业成功的人，也不乏在下岗后创业成功的人，但国家发展更需要从大学校门中走出的，能为社会经济发展注入新活力的创业英才！培养大批具有较高创业素质的创业人才，是高校必须承担的历史责任。

创业素质包括创业意识、创业知识结构、创业精神、创业品质和创业能力。

（一）创业意识

创业意识是在对创业的意义有深刻认识的基础上形成的主动创业、支持创业、以创业为己任的观念和意识，有了创业意识，就会激发人们进行创业实践的欲望，是心理上的一种内在的动力机制。由于传统观念的影响，我国大学生较为缺乏创业意识，因此必须重视对大学生的创业教育，引导大学生转变观念，树立自主创业、创造新就业岗位的新观念。

（二）创业知识结构

创业知识结构是指创业者需要更广博的知识，不仅需要扎实的专业知识，还要学习经营管理知识、市场运作知识，与相关部门沟通协调的知识，形成有利于创业的知识结构。

(三)创业精神

创业精神是激发大学生创业的精神力量,是支撑大学生创业活动的灵魂。拥有创业精神,可以让大学生在创业过程中信念坚定、目标明确、意志顽强,一步步走向成功的彼岸。当代大学生最需要具备的创业精神是:(1)有条件要上、没有条件创造条件也要上的进取精神;(2)开拓创新精神。大学生创业精神的培养,关乎国家的发展,要激发大学生的开拓意识和创造精神,使其具有开创事业的理想,开拓前进的动力,通过创业找到实现人生理想的道路;(3)敢于承担风险的精神,创业总会有风险,只有具备了挑战精神和承担风险的意识,才能对创业活动的把握更全面、更客观、更具前瞻性,创业者的智慧和胆识才能得到更充分的发挥。

(四)创业心理品质

创业心理品质最重要的是要培养胆量,不怕风险。实践证明,不缺有才华的人,但缺少有胆识的人。真正做大事的人,不一定都是精明的人,但一定是有胆识的人。因此,培养胆识对于创业者来讲非常重要。其次就是要有韧性,经得起失败的挫折,有从头再来的意志和勇气。创业总不会一帆风顺,创业者一般都是几起几落的,关键在于"落了"要能东山再"起"。再次,创业过程是一个系统工程,牵涉到方方面面,有很多环节,哪一个环节出问题都可能导致创业失败。因此,既需要顽强的意志,又要有诚信品质,有互利双赢的理念,才能处理好方方面面的关系。

(五)创业能力

大学生要取得创业成功,还必须培养较强的创业能力。这包括以下六个方面的能力:

（1）专业技术能力。大学生在校期间学习了本专业的比较全面、系统的知识。但在走向社会进行创业活动时，还必须把这些知识转化为能力，而且，创业的"业"是五花八门的，必须掌握所创的"业"方面的知识和能力。

（2）驾驭市场的能力。必须学习市场经济知识，掌握市场规则，了解市场发展趋势，培养洞察商机的眼光和能力，培养预测市场变化的能力，从而不断提高驾驭市场的能力。

（3）经营决策能力。要创业，就必须不断进行决策，决策正确是创业成功的关键。选项目、筹资金、建团队、选地址等都需要正确决策，要学习科学决策知识，培养科学决策能力。

（4）经营管理能力。在实施决策过程中，必须加强计划、组织、协调和监控，加强物资、质量、财务等方面的管理，还要有较强的市场营销能力。大学生创业之初，往往缺乏经营管理的经验和能力，很难一下子就胜任企业经理人的角色，只能在实践中积累经验，培养经营管理能力。

（5）社交沟通能力。在创业过程中，无论是市场调研、市场开发，还是与相关业务部门的联系沟通，以及创业团队内的融合，都需要有良好的交际能力、沟通能力、合作能力和人际关系协调能力。

（6）风险承受能力。创业活动属于风险投资，可能带来收益，也可能带来损失。对自己能够容忍的失败和可以承担的风险要有充分的准备，才能在创业实践中进退自如、游刃有余。

第二章　素质教育的基本理论

一个人的综合素质水平是决定其生存发展的核心要素，也是决定其人生价值、意义的最基本的内在因素。怎样才能更好、更快地提高自己的综合素质呢？最好的途径就是进行素质教育，不但要在学校进行素质教育，而且要终身进行自我素质教育。

第一节　素质教育的基本特征

什么是素质教育？素质教育就是培育、提高受教育者综合素质的教育。一切为了人的发展是素质教育的灵魂、核心和目标，素质教育注重在教育过程中把促进个人素质的全面发展放在中心地位，注重人的整体素质的全面提高，注重开发人的潜能，发挥人的天然优势，促进人的个性发展以及创新精神、创新能力的提高，并使人有能力掌握自身的发展，将个体的发展与社会发展统一起来。素质教育强调个性化与社会化的统一，个体本位与社会本位的统一，人文教育与科学教育的统一。

素质教育的内涵可以从多个角度来理解。从教育目标的角度看，素质教育以全面培育和提高受教育者的综合素质为目的，以培养学生的创新精神和实践能力为重点，造就德、智、体、美、劳全面发展的人才。从教育的功能看，素质教育是依据人的发展和社会发展的需要，以全面提高学生的基本素质为目的，以注重学生的主体地位和主动精神，注重形成个人的健康人格和健全个性为根本特征的教育。

朴素的素质教育思想理念很早就存在，但明确提出"素质教育"这个概念是在20世纪80年代中期。这个概念的提出是广大教育工作者长期以来理想、愿望和改革理念的凝聚，是我国教育发展进程中的较大突破。

我们过去的教育不全是应试教育，但往往存在着应试教育的倾向，这促使我们不断反思，素质教育思想和相应的改革试验也就应运而生了。素质教育思想的产生还有更深的渊源，它是传统教育长期改革发展的必然结果。我们的教育，从重视传授知识到重视能力，直至注重提高素质，经历了一个较长的发展过程。教育从一开始就十分重视知识的传授，随着社会的发展，人们逐渐认识到培养能力的重要性，提出传授知识与培养能力并重的教育目标。到了20世纪80年代，人们更深刻地认识到，在构成人才的要素中，有比知识、能力更为重要的东西存在，有使人的知识和能力更好地发挥作用的东西存在，即素质，其核心就是一个人的为人之道，也就是做人。

现实已经证实了这样一个道理，具有丰富知识和较强能力的人，不一定就是具备了较高素质的人，换言之，只具备丰富的知识和较强的能力，但缺乏较高素质的人，不能称之为完全的或是健全的人才。从教育的角度看，只注重知识的传授和能力的培养，不能算是完善的教育，因此，注重人才素质培养和提高的教育观念的提出，在教育理论与实践的发展中具有划时代的意义。从重视传授知识到既重视传授知识又重视培养能力，是教育思想的一大突破，从重视传授知识，培养能力到重视传授知识，培养能力的同时，更加注重提高素质，是教育思想的又一大突破。

当然，这并不是说过去的教育对人的素质提高就不产生积极的影响。就一般意义而言，任何一种模式的教育，对人的素质都会产生或多或少的影响，言传身教、教书育人是可以体现于任何一种教育模式中的。但是，在素质教育尚未得到充分认识的教育中，教育对人的素质提高的影响带有不自觉性、不确定性和片面性，其素质提高的速度和效率也会大打折扣。有些人的某些方面的素质，主要是专业素质得到了较好的发展，但整体素质特别是思想道德素质的发展相对滞后，这样的人进入社会后，往往会有一个较长的，甚至是痛苦的适应期，他们是在与他人、社会的磨合中才逐步学会做人的，因而会付出较高的代价。素质教育的提出对个人和社会的发展都有积极的促进作用，因此，推进和实施素质教育，是教育思想观念上具有时代特征的一个重要突破。

素质教育与德、智、体、美、劳全面发展教育在方向、目的和基本内容上是一致的，并有进一步发展。首先，素质教育进一步丰富和发展了全面发展教育的内涵。例如，一些心理品质的培养，如心理承受能力的培养等就很难包含在德、智、体、美、劳的内涵中，因而素质教育的内涵更加丰富；其次，素质教育从人的身心发展的素质结构入手，为培养与提高学生的素质提供了更加丰富、明确的培养目标体系，从而使全面发展教育的内容更为明确，也有更强的操作性；再次，素质教育不仅要求素质全面发展，也要求个性的全面发展、特色发展，这就进一步丰富和充实了全面发展教育的内涵。

素质教育有些什么特点呢？素质教育与应试教育有哪些不同呢？由于教育指导思想不同，两者在教育目标、原则、内容、方法等方面都存在着区别，应试教育以考试得高分为目标，围绕考试要求构建教育体系，安排教学内容，偏重知识学习，较为忽视学生心理素质的培养，教育方法主要采取传授、接受知识的模式，反复记忆巩固，频繁模拟考试，在分数的高压下，学生负担较重，被动应付。而素质教育则是以面向21世纪经济社会发展的需要为依据，以提高学生的全面素质为宗旨，按照完整的素质结构和学生自身发展规律来设置课程，安排教学内容，组织各项教学活动的，它承认个体发展的多样性，注重个性发展、特长发展，强调发挥学生的主动性、积极性，引导学生生动活泼地进行学习，注重培养学生的心理素质、学习能力、创造能力。

具体来说，我们可以从以下五个方面来分析素质教育的特点：

第一，从教育目标看，素质教育以培养提高学生的整体素质为目的，着眼于学生的全面发展与完善，素质教育重视学生学习掌握相应的知识，但学习知识不是目的，只是手段，要通过知识学习达到提高综合素质的目标。因此，素质教育要求一切教学活动都要为培养学生的整体素质这个总目标服务，努力研究探索学生素质发展提高的规律，深入了解学生当前素质发展的水平和特点，有针对性地进行教育培养，努力提高素质发展的效率。

第二，从教学原则来看，由于素质教育着眼于全体学生的身心发展，强调促进每个学生的发展是教育的宗旨。因此，素质教育的第一教学原则就是要坚持面向全体学生。不允许只重点关注优生，忽视差生，不能只根据知识学习的成绩来评价学生的优劣。学生的发展不是整齐划一的，而是千差万别的，正是这种差异性构成了个体发展的特色，因此，素质教育要求不要用一个标准或一种模式来培养学生，对学生的要求不应强求统一，应该鼓励学生发展自己的个性特色。第二教学原则就是坚持多样性和个性化。把全面发展与特长发展结合起来，努力为特长发展创造必要的条件，如调整专业、调整课程、增设选修课、调整教学要求等。学生发展的动力是内在的，教育应当努力调动和发挥学生的主动积极性，促进学生主动、生动活泼地发展。这种主动性、积极性主要不是靠外在压力，例如考试压力来调动，而是依靠启发学生内在的兴趣爱好、精神需求来调动的，只有这种由内在因素调动的主动性、积极性，才能促进学生生动活泼地发展。因此，素质教育的第三教学原则就是坚持以学生为主体，教师为主导，并把主体和主导有机结合起来。要引导学生懂得认识自己、发展自己，培养提高自身素质只有依靠自己的努力才能实现。这是个人不可推卸的责任，再好的教育都必须经过自己消化、吸收才能起作用，自己才是提高自身素质的第一责任人。坚持以学生为主体，是要求学生主动地承担责任，主动地进行学习，要求学校和教师努力为学生的发展创造良好的环境条件，积极引导、帮助、促进学生的主动发展。坚持以学生为主体，绝不是忽视教师的作用，绝不是说教师可以放任不管。有的教师产生了一些误解，上课时让学生自己看教材，认为是培养学生的自学能力，实验、实习也很少指导，认为是培养学生的独立工作能力，这些做法，是对学生主体作用的误解。坚持学生的主体作用，坚持发挥学生的主动性、积极性，但这种主动性、积极性并不是自发的，而是靠教师去引导、启发、调动的。实施素质教育，教师的责任不是轻了，而是重了，教师不能只停留在关注学生对知识的掌握上，而是要面对一个个鲜活的、内在的素质结构个体，必须更加深入学生的心灵，研究把握每个学生素质的当前发展水平和特点，有针对性地引导学生去探究，领会知识内容，帮助学生把知识更好地内化和升华，帮助学生构建并优化心理结构系统，这是更加艰巨复杂的任务。因此，能不能有效实施素质教育，关键在教师。学生的发展是在学生整个生命过程中实现的，因此，必须关注学生的生命发展，努力提升生命发展质量，素质教育的第四教学原则就是生命教育原则，要求教师对学生生命发展的全过程进行引导和培养教育。要把课内与课外结合起来，上课与开展丰富多彩的活动结合起来，学校与家庭结合起来，学校与社会结合起来。要更加关注学生的日常生活、家庭生活和社会生活，虽然教育在学生素质的提高中起着主导作用，但毕竟不是全部，学生素质的全面提高总是在学生的社会生活、社会实践中实现的，只有把各方面的影响因素结合、协调起来，才能收到更好的效果。素质教育认为每个学生都具有无限的发展潜能，即学生的潜能是开发不尽的，任何时候，只要努力开发，学生都可以得到进一步的发展。发展又是分阶段的，每一阶段都有各自的主要任务，每一阶段又都必须考虑后续的发展。因此，不能只对学生的一时负责，而是要对学生的一生负责，第五个教学原则就是对学生终身发展负责的原则。

第三，从教学内容看，素质教育要求以完整的素质结构为核心设置课程，精选教学内容，组织各项教育教学活动。不把所有课程内容都知识化，都变成知识的学习，而是根据课程的性质，把感受、欣赏、探究、体验、领悟、活动等构成统一的整体，一个促进学生身心全面发展的体系。

第四，从教学方法看，素质教育强调知识的内化，更加注重启发式、引导式、探究式、发现式、研究性学习，更加注重引导学生感受、欣赏、探究、体验和领悟，从而更好地掌握知识的精神实质。体会知识中所蕴含的智慧、科学和人文精神、科学态度和科学方法，掌握知识的结构体系，感受知识中的逻辑和美，促进学生知识的内化和升华，促进其全面素质的提高。同时注意了解学生素质发展的差异性，了解每个学生的天然优势。强调因材施教，发挥天然优势，发展个性特色，发展和培养学生的兴趣爱好，把共性教育与特色教育统一起来。

第五，从教育评价看，素质教育不是单纯的以分数来衡量学生，而是要看学生整体素质的提高，要建立科学评价素质发展水平的指标体系，要按照不同指标的特点采用不同的方法进行评价，注重过程指标评价、活动表现评价和群体评价，还要培养学生进行自我评价的能力，增强反思、反省的能力，增强自我教育、自我发展的能力。

有人提出，能不能设计出一套良好的素质教育模式，让广大教师有所遵循。必须指出，这是不可能的，因为素质教育并没有固定的模式。素质教育是一种教育理念、教育思想，而不是一种具体的教育模式或教育方法。素质教育是一个开放的、发展的体系，没有也不应该有固定不变的模式。素质教育永远是不断发展、不断变化、不断创新的。科学性是它的内容，丰富性是它的内涵，多样性是它的形式，灵活性是它的方法，创造性是它的灵魂。从学生实际水平出发，优化教育教学过程，使之生动活泼、充满活力，则是它的精神实质。当然，素质教育也不是不可捉摸的，它也有自己的科学体系。但这个体系是在教育实践过程中产生、发展和完善的。这个体系目前还处于初创阶段，但其基础框架已经形成，这就是，在教育过程中，教师要以自身来影响、感染学生，要教学做人、教学求知、教学办事、教学健体、教学审美、教学创造；学生则要学会做人、学会办事、学会健体、学会审美、学会创造。要把教师主导和学生主体统一起来；把包含必修课、选修课、活动课在内的，适应学生素质发展需要的课程教材体系建立起来；把课内外、校内外沟通起来；把学校、家庭、社会联系起来；把有利于全面发展素质的教育评价体系建立起来。求德、智、体、美、劳全面发展，使知、情、意、行和谐统一，最终实现学生身心的健康发展和素质的全面提高。

有人认为实行素质教育就是不要考试，这是一种误解。实施素质教育不是要废除考试制度，而是要改革和完善考试制度，要实现考试制度的科学化，使考试服从并且服务于提高学生素质这个目标。分数本来是检验教学效果、激励学生上进的一种手段，现在却在一定程度上异化了。这种不太科学的方法是需要进行改进的。改进不是要否定考试,而是要更好地发挥考试的功能,让考试能真正起到全面检查学生的学习情况、学生素质的发展水平和教师的教学效果的作用,促使学生肯定自己的成绩,发现自己的不足,从而更好地学习。考试要给学生一定的压力,但又不要有太大的压力,考试只是检查学习情况和教学效果的一种方法,但不是唯一的方法,要让学生有更多的机会展示自己的优势,增强学生的自信心和学习兴趣。要进一步研究完善教育教学的评价体系,而考试只是这个评价体系中的一种方法。

最后谈一下为什么要实施素质教育,或者如有些人认为的,只是中小学要实行素质教育,其他如高等教育、职业教育、成人教育等就可以不实行。我们认为,各级各类教育都要实施素质教育,这不是权宜之计,不是可实行可不实行,而是必须实行。实施素质教育,一是时代发展的需要,二是社会发展的需要,三是教育自身发展的需要。我们要从教育方针、教育发展的战略方向的高度来认识素质教育的重要性。因为素质教育反映了对教育规律的科学认识,代表了教育发展的根本方向,也是我们未来建设学习型社会和比较完善的现代教育体系的理论支撑。实行素质教育,是关系到教育发展方向和全局的重要问题,因为素质教育的核心就是要全面提高人的素质,促进人的发展,如果不全面推进素质教育,不能使我们所培养的学生在身心各个方面都得到全面的发展,那么,对我国教育和社会经济的发展,都会产生直接影响。所以我们必须把素质教育作为教育方针、教育发展的战略方向来坚持。

21世纪,我们要在激烈的国际竞争中立于不败之地,必须坚持科学发展观,坚持科教兴国战略,坚持以人为本,走全面、协调、可持续发展的道路。发展是硬道理,发展是我们的第一要务,但发展又必须转移到依靠科技进步和提高劳动者素质的轨道上来。所以,努力提高全体公民的整体素质是根本的根本，可持续发展的社会必须有可持续发展的公民，只有培养可持续发展的公民，才能建设可持续发展的社会。而培养造就可持续发展的公民，必须有可持续发展的教育。时代发展到现在，问题已不仅仅在于要重视教育，而是要重视有一个什么样的教育，要重视建立一个有国际竞争力的教育，这就是素质教育。只有坚持素质教育，才能出好人才，才有竞争力，才有发展后劲。因此，必须全面推进素质教育，不仅中小学要实施，高等教育、职业教育、成人教育也都要实施素质教育。当然这些教育有各自特点以及不同的任务目标，必须根据这些特点和任务来实施素质教育。

第二节　高职院校实施素质教育方式与方法

在这里，我们从教育的角度来谈怎样实施素质教育，即探讨通过什么样的方式、方法，来更好、更快地培养和提高学生的素质。

一、树立良好的素质教育的学生观

素质教育的学生观可以概括为主体性、整体性、全面性、个体性和长效性等方面。

（一）主体性

学生是教育的主体，要尊重学生的主体地位，尊重学生身心发展的特点和规律，教师要适时引导和启发学生，努力调动学生的主动性、积极性，促进和强化学生的心理构建活动，促进学生主动得到发展。学生的主动性表现在三个方面，一是主动制订学习计划，明确学习目标；二是主动选择学习内容、学习方式，主动求助老师；三是有着积极的情绪状态，兴趣浓厚。在这种状态下，学生的思维灵活，记忆快速，想象丰富，头脑清晰，能大大提高学习的效率和效果。相反，缺乏主动性的学习将是低效甚至无效的学习。

（二）整体性

坚持面向全体学生，帮助每个学生认识到自己有着开发不尽的潜能，树立自信心。帮助学生认识自身素质的发展水平和特点，优势和不足，启发学生的好奇心，发展学生的兴趣爱好，促使学生主动选择自己感兴趣的学习活动，发展自己的个性特色。引导学生在学习、各种活动中获得成功，体验成功的快乐。要求教师深入了解每一个学生的优点和不足、生存环境状况、个人经验、能力和素质的当前发展水平等，从提高每一个学生生命发展质量的高度出发，找出帮助其发展的最佳教育方案。

（三）全面性

素质教育要求全面发展学生的综合素质，使学生形成合理、完善的素质结构。

（四）个体性

素质教育认为，每一个学生的素质都是独特的，必须尊重学生的特殊性，从每个学生的实际情况出发进行最有效的教育培养。在素质教育中只有发展水平、发展特色不同的学生，没有所谓的差生和后进生。一个学生对数学感兴趣，成绩好，但语文较差；另一个学生语文成绩好，但数学不行，两个都是好学生，只是特色、优势不同而已，不应用一把尺子去衡量他们，而应鼓励学生发展自己的优势，同时正视自己的不足。有的学生学习快，成绩好，是好学生；有的学习慢，成绩差，但动手能力强，也是好学生；还有的学生品德高尚，亦是好学生。总之，要从综合素质的角度来评价学生，努力发现学生的天然优势，努力强化、发展学生的优势。同时要帮助学生把自身发展的需要与社会需要统一起来，把全面发展与特长发展统一起来。

（五）长效性

素质教育要求对学生的终身发展负责，而不是只对学生的一时负责，只对考试负责。要培养对学生一生的发展都起作用的基本素质和学习能力，把学生的当前发展与终身发展结合起来。

二、正确处理知识、能力和素质之间的关系

知识是能力、素质形成和提高的基础，没有相应知识（包括经验）的武装，不可能内化、升华为更高的心理品质，不可能有效提升素质水平。而且，一个人掌握知识的数量和质量、广度和深度也是评价其素质高低的重要标准。因此，实施素质教育，绝对不是不重视传授知识和学习知识，而是要传授得更好、学习得更好。素质教育所反对的是知识的灌输和简单的说教，其强调引导、启发学生生动活泼地学习知识，努力把握知识的精神实质，并进一步内化、升华为心理品质。知识包含着丰富的智慧，但在形式上却是比较简单、呆板的，是一些现成的结论。因此，教师必须引导学生在掌握知识的基础上，努力感受、探究和体验知识内容的精神实质及其蕴含的智慧、科学和人文精神，获得更深刻的领悟。而我们现在的一些课堂教学，往往停留在展现和理解教材中的现成结论上，这种教学在一定程度上把形成结论的生动过程变成了单调刻板的条文背诵。素质教育要求给学生传授比较全面的知识，要帮助学生形成科学的知识结构，不能只重视专业知识的学习，还应当重视学生为人、做人所必备的知识，即相关的人文、社会科学和自然科学的基本知识，同时要把对这些知识的学习与专业知识学习结合起来，要在专业知识的学习

中渗透相关的人文知识和人文精神。

能力是素质的一种外在表现，是评价一个人素质高低的重要标准，也是人进行实践获得成功的基本保证，因此，培养能力是非常重要的。能力分为一般能力和特殊能力，一般能力是人人都要培养的，特殊能力则各人有各人的选择和侧重。对高职大学生来讲，是否具有相应的职业能力决定了其能否胜任工作的需要，是核心竞争力之一。

素质与知识、能力密切相关，但素质并不等于知识和能力，素质是更深层次的东西，其提高的过程也更加复杂。素质是使人的知识和能力更好地发挥作用的基础。古人云，"读书破万卷，下笔如有神"，这里的"神"，就是素质的体现。现实生活也反复证明了具有丰富知识和较强能力的人，不一定就是具备了较高素质的人，或者说只有丰富的知识和较强能力，而缺乏较高素质的人不能被称为完全的人才。从教育的角度看，只注意知识的传授和能力的培养，而忽视人才素质的提高，不能算是完善的教育，也不是素质教育。只有融传授知识、培养能力和提高素质为一体，并且特别注重素质提高的教育才是完善的教育。所以，进行素质教育就要更加注意渗透性教育、养成性教育、探究性教育、创造性教育，更加注重受教育者的体验、内化和升华过程，更加注重实践，重视实践经验的积累、总结和提升，重视实践能力的培养。

从素质教育的思想看，高质量的人才应是知识、能力、素质的高度和谐与完善的统一。从培养人才的角度而言，学习知识、培养能力主要解决如何做事，而提高素质既能帮助解决如何做事，更有助于学会如何做人，只有将做事与做人有机结合，使学生既学会做事又学会做人的教育，才是理想的教育。

处理好知识、能力和素质三者的关系，关键在于如何促进学生对知识的内化和升华。要重视研究学生的内化过程，把握内化的规律，提高内化的效率和效果。内化，是一个复杂的精神活动过程，是一个心理构建活动过程，是一个认识矛盾不断产生、发展和解决的过程，是一个心理品质形成、锤炼、巩固的过程，它不仅是一个认识过程，而且是一个情感和意志过程，一般由知、情、意、行四个环节组成。在学习知识、总结经验的同时，要重视兴趣引导、情感陶冶、精神激励、智慧感悟、方法启迪、观念确立、意志磨炼、行为检验，还要在广泛运用知识的实践过程中，加深体验，获得新的领悟，深化对知识精神实质的认识，提高运用知识解决问题的能力。内化，往往也不是在一次知情意行的过程中就能完成的，而是要有一个反复的、系统的提高过程。我们大都有这样的经验，对于某一部分新知识，通过努力学习，独立思考，终于弄懂了，甚至以为精通了，可是一遇到新的具体问题，运用这些知识时，又糊涂了，这才发现原来并没有真正弄懂，只有经历了问题——解决——新问题——又解决——更新问题——再解决这样多次的反复，才能真正弄懂。因此，要精心设计教学过程，创设促使学生内化的情境和条件，明确内化的目标要求，千万不能停留在"懂得"上。怎样衡量学生掌握的知识是否已经内化，以及内化的水平和质量呢？从目标上看，就看知识是否已经转化为由理念、规律等组成的心理结构系统及相应的心理品质，是否转化为自己的眼光，转化为解决问题的武器和方法，转化为自己的精神需求；从过程上讲，就看是否经历了一个知、情、意、行的完整过程，经历了感受、探究、体验、领悟和创造的完整过程，学出了自己的心得体会，掌握了知识的结构体系，并能用自己的语言做出简略的概括；从要求上讲，就看是否理解深透，把握实质，操作熟练，运用灵活，反应自动。所谓反应自动是指在知识和问题之间建立起了自动化联系，一遇到某个需要解决的问题，就能在头脑里自动发生反应，找到解决该问题所需要的知识，通过问题与知识的沟通解决问题，或者找到解决问题的方向和步骤，通过一步一步地推演运算解决问题。当然，就学生学习的全部知识而言，只有一部分是需要内化并升华为相应的心理结构系统和心理品质的，这主要是基本概念、基本理论和基本方法，有一部分则是不需要内化的，学生只要了解懂得，需要的时候可以运用就行。例如，对学生进行法治教育，要内化的是建立依法、守法的法律意识，依法治国的战略方针，立法的基本原则，法律的基本精神等，至于具体的法律条文，对于非法律专业的学生而言，只要有所了解就行。因此，必须精选教学内容，在需要内化的部分狠下功夫，帮助学生掌握用基本概念、基本理论去统领知识的本领，同时学会查找知识的方法。

关于内化的规律，可以归纳出以下七个方面：

（一）独立性

任何人对知识的内化都是一个独立的心理活动过程。只有通过独立思考、感受、探究、体验、领悟，通过独立运用知识的实践活动，才能够完成。虽然可以通过请教他人、查找资料来帮助内化，但都不能代替独立的心理构建活动。

（二）过程性

内化既是一个知、情、意、行的过程，又是一个螺旋上升的过程。特别是对于那些适用范围广、普遍性高的理论，要真正弄懂、弄通需要的时间更长，不但需要反复学习和独立思考，而且需要实践经验的积累。要注意过程的完整性，千万不要在基本弄懂、弄通的时候就放手，导致前功尽弃，要牢记古训："行百里者半九十"。

（三）层次性

内化是分层次的，从较低层次到较高层次再到深化层次，形成一个向上攀登的螺旋结构，对于那些最基础的内容，要追求达到较高层次乃至深化层次。

（四）构造性

内化不是孤立地把部分知识学懂、弄通，而是要在学懂、弄通的基础上通过心理构建活动，构建到原有的心理结构系统中去，或者改进、完善原有的心理结构系统，形成内容更丰富、功能更强的新系统。

（五）实践性

只有广泛运用知识解决各种问题，在实践活动中亲身感悟解决问题、应对困难方法，积累实践经验，才能真正实现知识的内化。教师应为学生创造更多的思考、探究、抽象、预测、推理、反思等教学实践活动，学生自己也要主动进行运用知识解决实际问题的实践活动，积累直接经验，对操作性强的学科，还应积累操作经验，促进知识的内化。

（六）创造性

内化不是要把知识在头脑中复制，而是要在学习、把握知识精神实质的同时，有自己独到的体会和见解，要对知识进行分析、评价，要有主见，要寻求新的方法，把学习与创造结合起来，把接受和超越结合起来。

（七）关于内化的动力

内化需要动力，动力越大，效果越好。内化的动力来自于内在的精神需要，来自于兴趣爱好，来自于学习目标的激励，来自于强烈的求知欲望，来自于追根究底的好奇心。因此，要不断明确学习的目的和意义，培养学习的兴趣爱好，激发求知欲和好奇心，不断增强内化的动力。

三、努力提高学生的综合素质

人的素质可以分为思想道德素质、文化素质、专业素质和身体心理素质四大部分，这些部分不是孤立的，而是相互渗透、融合，并作为一个整体存在的，人的发展决定于素质总量及其组合结构，以及各部分素质协调的程度，是多种素质综合作用的结果。因此，必须注重各部分素质的协调发展，形成优化的组织结构，产生最佳的整体功能。

在综合素质中，思想道德素质是根本、灵魂，思想道德素质要解决的是世界观、人生观、价值观以及人的行为规范的问题，是要解决理想、信念的问题，解决个人与他人、社会、自然以及自身的关系问题，也就是要解决如何做人，做什么样的人的问题。虽然人的素质是千差万别的，但最基本的思想道德素质是人人都必须具备的，否则不但算不上人才，连合格的公民都不是。所以素质教育特别强调思想道德素质的教育，即德育，坚持把德育放在首位。知识学习有欠缺，以后还可设法弥补，而如果思想道德素质出了问题，将会影响一个人的发展方向和人生道路。德育不同于智育，不能简单用掌握多少知识来进行评价和衡量，其培养途径是要在实践活动中进行锻炼，在严峻的环境里接受考验。因此，要努力研究德育的特点和规律，改进德育教学方式，增强德育的科学性、针对性和实效性，德育的内化过程更加复杂。

智育学习的是科学知识，主要解决知不知、会不会、用不用的问题，还涉及科学精神和科学方法，以及情绪体验，如对自然、知识的热爱，对智慧的钟情，对独立思考的喜爱等。德育不但要解决知不知、会不会的问题，还要解决可行不可行、坚定不坚定的问题，即要解决抗干扰、抗诱惑的问题。要不断加强思想道德修养，把科学正确的思想道德理念和基本的道德准则变成内在的精神需要；德育目标的实现不能只靠课堂讲授，还要通过丰富多彩的活动，通过学生的日常生活实践来达成；要多开设德育活动课、素质拓展训练课，让学生在活动中感受、体验和磨炼；要改变以教师为中心、以教材为中心、以课堂为中心的旧三中心论，树立以学生为中心，以情境为中心，以活动为中心的新三中心论；要把德育要求贯穿到整个教学过程里，渗透到整体教学环节和学生的全部生活中；要把家庭、学校和社会结合起来，发挥合力作用；要充分尊重学生在德育活动中的主体地位，发挥学生的主动性，让学生自觉加强自我修养，学会反思，学会听取不同意见；要学习中华民族重视思想修养、善于自我反省的优良传统，发扬"吾日三省吾身""君子慎其独"的精神，把思想道德素质的培养经常化、生活化。

文化素质主要指语言文字修养、文学艺术修养、文明礼仪修养、历史地理和哲学修养等。人文素质是其他一切素质发展的基础。没有一定的人文素质，科学的世界观、人生观、价值观是建立不起来的，它们必须建立在深厚的科学文化基础之上，即思想道德素质的提高也必须以人文素质的培养提高为基础。就一个人才而言，离开文化素质基础，其思想道德素质就失去了根基，就不可能成为一个高素质的人才。

文化素质教育是专业素质的基础。文化素质教育为学习专业知识打下文化基础，使学生能更好地理解专业知识，掌握专业技能。可以说，文化基础愈厚实，专业知识就能学得愈精深。科学家说过："一个人在科学上能达到的高度决定于他年轻时基础的厚度。"这是有一定道理的。有的人不愿扎扎实实打文化基础，只想快点学好专业，事实证明这是行不通的。要加强人文教育，要把人文教育与专业教育有机结合起来，把人文教育渗透到专业教育中，渗透到专业实践中。

文化素质也是培养身心素质的基础。具有较高文化素质的人，往往能更好地懂得生命的价值和意义，能够热爱生命、珍惜生命，能够坚持健康的生活方式，形成科学的思维方式。因此，加强文化素质教育是素质教育的重要环节。

专业素质是学生服务社会的特殊本领，是学生未来就业、创业、选择工作的主要依据。任何人的一生总是要在某个或某几个专业岗位上工作的，没有一定的专业素质，就难以胜任专业岗位要求。从参加工作到胜任工作需要一个较长的过渡期，为缩短过渡期，必须对学生进行专业教育，培养专业技能，使其具备一定的专业素质。对高职大学生来说，就是要培养职业素质，关于这一点，将在第四节中详细分析。在学习阶段，也不应对专业素质提出过高要求，专业素质的进一步提高应该在未来的专业工作中完成，它需要较长时期的专业工作锻炼和实践经验积累。

身心素质是学生提高自我发展水平，提升人生价值，获得事业成功的有力保证。特别是对学生心理素质的培养，长期以来，并没有得到应有的重视。现代社会节奏快、压力大、心理问题的产生显现出低龄化、高发生率以及向高文化群体倾斜的三大特征。没有良好的心理身体素质作为保证，也就不可能有健康、全面的成长。因此，培养提高身体心理素质，既是学生身心健康发展的需要，也是社会发展的需要。现代社会发展快，竞争激烈，社会的竞争首先是心态的竞争，是人才素质的竞争，没有良好的心态和素质，就难以在竞争中取胜。现代人才必须具备现代人的基本素质，如独立性、开拓性、能接受与理解新事物、敢于竞争、敢于创新等，正如联合国有关专家指出的：

"进入新世纪，必须拥有三本教育护照，一本是学术性的，一本是职业性的，一本是证明一个人的事业心和开拓能力的。"而这第三本护照，即要有较好的身体心理素质。因此，要加强身体心理素质培养教育，首先要帮助学生认识和了解心理活动的基本规律，认识自身心理活动的特点，自觉促进心理健康发展，不断提高心理发展水平；其次要培养自我教育、自我调控能力，帮助学生自我认识、自我激励、自我调整、自我发展；再次，要培养良好的心理品质，特别要培养心理承受能力和竞争合作意识，不怕竞争、敢于竞争，又善于合作、善于协调，勇于迎接困难和压力、风险与挑战，能够承受挫折和失败，并不断把挫折和失败转化为成功。现代社会，团结合作已成为人的生存方式，也是人的道德规范和品格修养。具有团结合作意识、善于与人合作共事是现代人才的重要素质。增强团结合作意识，要从日常学习和生活做起。同学之间应经常交流思想，互帮互学，学会正确地争、可敬地让、诚心地帮、虚心地学，在合作共事中体验合作的愉快，感受合作的意义。

心理素质的提高只能靠自我修养和实践磨炼，要把艰苦的环境、挑战性的任务都当成是培养心理素质的资源。骄阳似火、数九寒冬也要坚持学习和锻炼，越是困难，越是艰苦，越要铆足劲来干。平时需严格要求自己，从一条条经过努力就能做到的要求做起，例如，要求自己具有不做就不做，做就认真做好的品格和习惯；信守承诺，承诺了就要做到的品格和习惯；遇事先弄清实际情况，先问个为什么的习惯等。通过天长日久的磨炼，使自己更坚定，更坚强，更坚韧。

加强心理素质教育，调整心态，心理健康对当代大学生非常重要。医治心理疾病，调整心态，时间和空间是良好的止痛剂，要开阔生活空间，充实生活内容，学会忍耐，学会忘记，生活才有阳光和欢乐。在自我调节难以奏效时，可以求助心理咨询，接受外界的帮助，找自己最信任的人，包括老师和同学，让情绪、闷气得到释放，吸收新思路、新想法，从而有效化解心理矛盾，维护心理健康，优化心理素质，促进人格完善。

综上所述，思想道德素质、文化素质、专业素质和身体心理素质都是人的整体素质的重要组成部分，它们相互渗透、相互融合、协调发展，形成带有个人特色的优化的组织结构，做到素质全面，特色突出，从而发挥最佳整体功能。

第三节 实施素质教育的路径

本节将探讨实施素质教育的四条操作路径。

一、不仅要重视教育，更要注重智慧教育

学生通过学习，理应越学越聪明，然而事实上，一些学生却没能越学越聪明，反而越学越呆板，越学越僵化。一个重要原因是，知识学习任务太重，从而忽视了智慧教育，禁锢了思维的发展。知识在本质上是一种结果，是前人科学探索的结果。而智慧则体现在过程中，既体现在创造知识的过程中，更体现在运用知识的过程中。单纯传授知识的教育是一种结果的教育、继承的教育，而培养智慧的教育是一种过程的教育、创新的教育。因为智慧体现在思考和活动的过程中，智慧表现为对问题的处理、危难的应对、矛盾的发现、现象的概括、本质的思考等。智慧是对知识经验的一种升华，智慧依赖于知识，本质上却不决定于知识的多少，而决定于对知识的深入理解，决定于对知识之间相互关联的把握，决定于对知识的运用。从学习的角度看，智

慧的学习与知识的学习也有不同，知识的学习依赖于结果，更多地需要耐力、记忆和理解；智慧的学习依赖于过程，更多地需要活动、思考和创造。

既重知识，更重智慧的教育，是一种知行统一、手脑并用、听做结合的教育，是一种继承与创新统一、理论与实践统一的教育，既重视知识学习的优良传统，又把学生的实践活动、动手操作、探究体验提升到了教学过程的重要地位。尽可能为学生创造运用知识、激化智慧的条件和机会，让学生在活动、实践、应用、创造中学习，做到活学活用，激发学生的创造力。由于智慧更多地表现为学生对知识的灵活运用，而灵活运用能力的提高需要实践，需要多次的尝试错误，这个过程是不能省略的。

二、不仅要重视分析和解决问题的能力，而且还重视发现问题和提出问题的能力

我国教育历来重视对学生分析问题和解决问题能力的培养，无疑是正确的。但对发现问题和提出问题能力的培养在一定程度上有所忽视。从逻辑层次和难易程度分析，在教学过程中，分析问题与解决问题往往涉及的是已知，而发现问题与提出问题涉及的是未知。因此，发现问题与提出问题比分析问题与解决问题更重要，难度也更高。

对学生来说，发现问题更多的是指发现了书本上没有的新方法、新观点、新途径，以及知道了不曾知道的新东西。这种发现的学术价值可能是微不足道的，但对于学生来说却是难得的，因为这是一种自我超越，可以获得成功的体验。学生可以在这个过程中领悟很多东西，可以逐渐积累创造和创新的经验。更重要的是，可以增强学生的自信心，培养学习的兴趣，激发创造的激情。老师对于学生的发现要格外珍惜，通过正确的引导鼓励他们的积极性。

在发现问题的基础上提出问题，需要逻辑推理和理论抽象，需要精准地

概括。在错综复杂的事物中能抓住问题的核心，进行条分缕析的陈述，并给出解决问题的建议，不是一件简单的事情。提出问题的关键是能够认清问题、概括问题，问题的提出必须进行深入思考和自我组织，因而可以激发学生的智慧，调动学生进入活动状态。提问需找到疑难处，发现疑难就要动脑思考，这与跟着老师去验证、推断既有的结论是不同的思维方式。学生只有在这样的思维方式训练下，才能逐渐培养创新意识、创新精神和创新能力。

三、重视双向思维训练，培养逆向思维的能力

我国教育在较长时期内比较偏重单向思维训练，基本模式是从一些已知条件出发，一步步推出结果，即标准答案。在思维方向上，属于正向思维；在思维形式上，属于收敛思维；在推理形式上，属于演绎推理。而对于逆向思维、发散思维和归纳推理方面的训练则较为不足。

逆向思维是一种重要的思维方式。只有通过逆向思维，才能更好地发现问题和矛盾，才能更好地深入研究事物的本质；经过反思的结论才是经得起推敲的结论。因此，逆向思维是现代人才的重要品质之一。

发散思维可以开拓思路，增强思维的广阔性与灵活性，对于考虑事物发展的多种可能性、提出多个决策方案、提出新的创意等来讲都是很重要的。既有收敛思维能力，又有发散思维能力，也是现代人才的重要品质之一。

演绎推理是从一般性知识的前提推出特殊性知识的结论的推理，是一种前提与结论具有必然性联系的推理，是一种基于概念、按照规则、通过诸多例证进行的推理。以数学为例，演绎推理是基于公理、定义、定律、公式和符号，按照规定的法则进行命题证明或公式推导的。演绎能力是一种能够熟练使用演绎推理的能力。教育培养的分析问题与解决问题的能力，实质也是一种演绎能力，目的都是验证已知的结论。这种方法，造就了我国基础教育

的优势，基础知识（概念记忆与命题理解）扎实，基本技能（运算技能与证明技能）熟练。但是，演绎推理不能用于发现真理，因此，依此而塑造出来的人及其思维形式和思维能力，在一定程度上较难实现创新。

归纳推理是从特殊性知识的前提推出一般性知识的结论的推理，是由一些命题推出一个一般性较大的命题的推理形式。归纳推理的主要功能是发现结论、发现真理，而不是验证结论、验证真理。

从学习来说，演绎推理属接受性学习，归纳推理属发现性学习；演绎能力的培养更多地依靠知识的传授，归纳能力的培养则更多的需要探究思维的启发；演绎推理主要侧重获得知识，归纳推理主要侧重激发学生的智慧。归纳能力是建立在实践基础上的，它的培养更多地依赖过程的教育，依赖于经验的积累，而不是结果的教育。演绎能力与归纳能力各有特点，各有主要功能，现代人才必须同时具备这两种能力。

四、进行交往式学习、创新性学习、探究性学习和体验性学习的培养

（一）交往式学习

学习不仅是一种个体获得知识和发展能力的认识过程，同时也是一种人与人之间的交往过程。学习性交往的意义表现在：第一，促使知识增值。知识在对话中生成，在交流中重组，在共享中倍增。学生通过，交往分享彼此的思考、经验和知识，可以丰富学习的内容，求得新的启发和发现。第二，活跃学生思维。古人言：独学而无友，则孤陋寡闻。缺少交往的学习很难产生思维的碰撞和创造的火花。学习中的交往和互动有助于激发灵感，产生新颖的观点，从而增强思维的灵活性、深刻性和广阔性。第三，只有基于交往

和合作的学习，才能成为学生高尚的道德生活和丰富的人生体验，这样学科知识增长的过程也就成为人格的健全与发展过程，同学情谊、师生情谊之所以可贵，不是形式上的在一个班，而是学习上的沟通、交流、合作形成的一种让人难以忘怀的生活方式，这种交往式的合作学习越经常、越深入，学生的成长发展就越快。伴随着学科知识的获得与内化，学生会变得越来越有爱心、越来越有同情心、越来越有责任感、越来越有教养。这是学习促进人格发展的一种内在机制。

（二）创新性学习

创新表现为突破和超越，它是对已有的东西，即书本上写的、老师讲的和学生已经掌握的东西的突破。因此，要培养学生不唯书、不唯师的精神，敢于和善于质疑，这是创新素质的一种突出表现（外在突破）；还要培养学生不唯己、不守旧的精神，敢于和善于打破已有知识经验的制约和思维定式的束缚，不断否定自我、更新自我、超越自我，这是创新素质的另一种突出表现（内在突破）。学生经常产生一些突破，其思维的新颖性、独创性就会不断得到提高，创造素质就会不断得到发展。素质教育鼓励创新性学习，鼓励学生的求异思维和创新思维，珍惜学生的创造成果。

（三）体验性学习和探究性学习

体验是指一种全身心参与的活动，是全身心去感受、关注、欣赏、评价某一事件、人物、事实、思想，体验强调身体的直接参与。学习不仅要用大脑思考，而且要用眼睛看，用耳朵听，用嘴巴说，用手操作，即用身体去亲身经历，获取直接经验，用心灵去亲自感悟，重视感知、想象、情感、直觉等感性因素的作用。只有经过体验，我们才能把一个陌生的、外在的、与己无关的对象变为熟悉的、可以交流的、融于心智的存在。只有以体验为基础，才能进行有效的学习。比如，同样是记忆，未曾经历过体验的记忆犹如过客，而在体验基础上的记忆则如同经过消化后摄取的营养；未曾经历体验的理解是表层的理解，而在体验基础上的理解则是经历撞击、感悟等心智活动的深度理解。教育的任务，不单纯是让学生知道某个问题，记住某个结论，而是要创造条件让学生去体验某种事实、体验某个问题、体验某个过程、体验某一结论。

探究是指在体验过程中敏锐地捕捉问题，紧紧地追问，探寻问题的实质，求得问题的解答。它按照一定的猜想、推测、假设，甚至是朦胧的直觉，对所接触的对象（事实、数据、观念、材料）进行观察、调查、分析、组合、连接，从而证明一种假设，形成一种思想或观点。探究作为获取知识的方式，与被动记忆、被动理解的学习有着本质的不同。首先是主动性，探究永远是学生主动捕捉和叩问，不是由老师或书本给学生一个问题；其次，探究总是猜想先于行动，学习者在与问题的接触碰撞中，总是猜测可能的解题方向和结果；再次，探究的原则是事实高于一切，总是想方设法去证实猜测的对错；最后，探究的结果是猜想的验证，它不再是与己无关的知识，而是个人的探究成果，是个人智力劳动的结晶。

第四节　职业素质和创业创新素质的培养

一、高职教育要注重职业素质的培养

职业素质是指具体职业岗位对从事该职业工作的人的特定素质要求的总

和，是人的素质在职业岗位上的聚焦，是一种特定职业人所必备的素质。职业素质也是一种综合素质，包括职业道德、职业知识、职业品质和职业能力。职业道德是指符合该职业性质的特定道德要求，例如，会计职业道德就是指在会计职业活动中应当遵守的、体现会计职业特征的、调整会计职业关系的职业行为准则和规范。对会计人员来讲，特别要强调廉洁自律、客观、公正，坚决不做假账。职业知识与职业能力是从事该职业所必须具备的相关知识和能力。具备职业品质则是某职业所要求的特定品质。任何一种职业岗位，由于它在社会分工中所处的特定地位和作用，必然会形成一系列的职业要求，特殊的职业工作规范，从而形成对从事这一职业的人才素质的特定要求。例如，财会人员不但必须熟练掌握基本财会业务，而且必须懂得有关财会法规，坚持依法办事；煤矿企业则必须严格执行煤矿安全规程等。因此，许多职业岗位都设定了职业资格证书制度，必须考取了资格证书才能上岗。高职教育是培养中高级技能性应用型人才的，必须围绕某一特定的职业岗位或岗位群进行教学，以岗位需要的职业素质为导向，加强职业素质培养，把全面素质教育渗透到职业素质教育中来，要抓住实习的机会，让学生体验岗位要求的真实性、生动性，促进职业素质的培养和提高。

二、高职教育要注重创业和创新素质的培养

过去，人们往往把职业教育单纯看成是就业教育，把就业简单理解为在社会上找到一个适合就业岗位。随着社会经济的发展，这种较为狭隘的职业教育观念和就业观念已不能适应社会经济发展的需要了。从学校专业设置看，存在一定的滞后性，无论学校怎样根据社会需要来更新专业设置，毕业生所学的专业也不可能与实际工作岗位完全对应，从毕业到获取工作岗位的

过程，一般都要经历一个再创造的过程。因此，必须转变填空补缺式的就业观点，过分强调专业对口、就业岗位必须与学历相匹配的观念；树立求职与创造就业岗位并重的新就业观念，树立乐意从基层做起、从苦累岗位做起、坚持岗位成才、实现岗位发展的新观念；既看到社会上现存的就业岗位，还要发现潜在的就业岗位，既要能找到需要人才的工作单位，还要能通过创业开发出更多的就业岗位。在学校里，既要进行就业教育，更要加强创业教育，加强对创业素质的培养，要树立创业意识、弘扬创业精神、培养创业能力。求职不是被动地等待招聘工作，不是只跑人才招聘市场，不是到处寻找空缺，而是主动地、全方位地探寻可能的岗位，发现潜在的岗位，通过施展自己的才华使可能岗位、潜在岗位转化为自己现实工作岗位的过程。一个具有较高创业素质的人，往往能根据自己的条件和优势，努力进行创业活动，创造出更多的就业岗位。美国有"硅谷之父"之称的威廉·休美特，他从斯坦福大学一毕业，就向银行贷款 1 000 美元成立了惠普公司，后发展为世界上最大的 IT 公司之一；比尔·盖茨更是大学没读完就出来创业。这些虽然是特例，但也说明在当今，直接将知识转化为资本的可能性在大大增加。在我国，许多打工者先打工、后创业的经历也为我们提供了鲜活的样板。他们先在别人的公司里打工，但他们不是单纯打工挣钱，而是边打工，边用心学技术，尤其用心摸市场，当他们了解了市场需求，掌握了一定的技术，又积累了少量的资金之后，他们就开始创业了。自己办公司，不仅创造了自己的就业岗位，也为别人、为社会提供了更多的就业岗位，虽然他们也曾遭遇挫折和失败，但他们顽强地与恶劣的环境抗争，与竞争对手打拼，像滚雪球一样发展自己，终于由小到大，创造了一个又一个辉煌。他们是我们学习的好榜样，我们的社会需要大批这样的人才。当然，对于刚刚走出校门的大学生来说，创业毕竟不是一件想干就能干成的事，必须具备一定的条件。当条件不具备时，也不要勉强去创业，最好先就业，边工作边创造条件。目前就业形势比较严峻，有时候就要下决心从基层干起，从苦累工作岗位干起，努力岗位成才，同时寻找机会，许多成功人士就是这样走过来的。

对高职大学生而言，也要注重创新素质的培养。要树立创新意识，培养创新精神和创新能力，素质教育就是一种创新性的教育，就是培养创新人才的教育。由于高职教育的定位是培养职业性技能型人才，其培养目标针对的是生产一线和基层管理服务岗位，是决策、计划的执行者，是将决策或设计方案转化为产品或服务的，因此，有的人认为：对高职大学生而言，只要动手能力强就行了，不需要加强创新素质的培养。事实证明，这种认识是不对的。现在，小批量个性化生产、产品科技含量不断提高是总的发展趋势，管理服务工作的科技含量也越来越高，这种发展趋势要求技能型、应用型人才要有较强的动手能力，要有实践操作经验，还要有较宽的知识面，熟悉产品设计和工艺，能使用先进工具，还要有一定的组织管理能力，有一定的市场营销、商品流通和相关的法律法规知识，而且要有能力了解最新科技信息和市场动态，在工作中要能灵活变通和创新，以适应市场的千变万化。因此，高职大学生同样要加强创新素质的培养教育，这既是社会经济发展的需要，也体现了素质教育的时代特征。现在，我国正在建设创新型国家，提高自主创新能力是国家的重大发展战略，正在形成提倡创新、支持创新、激励创新的社会氛围。由于高职大学生一般在生产一线工作，最了解实际存在的问题和需要，最有实践经验，因而最能激发新的思路，产生新的设想和创意，找到解决问题、降低消耗、节约成本、提高效率的新方法，理应成为国家技术创新的主力军。可持续发展的社会是不断创新的社会，这个社会的所有成员都要有创新精神，参与创新事业。

这里还涉及怎样看待工人的问题。许多人还是抱着过去的观念，认为工人就是进行重复操作，不需要多少知识，谈不上创新。这种观念已经远远落后于现代工人的实际了。无数事例说明，现代工人不仅是一个劳动群体，也是一个知识群体、一个创新群体，他们正在成为国家的一支庞大的创新队伍，是一支现代化、智能化的队伍。

第五节 构建终身自我素质教育体系

如何更好地培养高职大学生的素质？已经谈了很多的原则和方法、路径，培训和提高自身素质，要依靠优质的教育和素质教育。但是，必须明确一点最根本的还是依靠自己，自己才是培养提高自身素质的第一责任人。只有通过一个明确的目标、系统规划、长期、持续的自我教育，才能真正使自身素质得到更好、更快的提高。因此，不断进行自我素质教育是每一个人毕生的任务，是自己对自己的不可推卸的责任，任何人也不能代替；再好的老师也只能起到引导、启示、帮助的作用，路还得自己走；每个人都要有提高自我素质教育的自觉性，努力构建终身自我素质教育体系，主动地、经常地进行自我素质教育。

一、自我教育的内涵和特征

（一）自我教育的内涵

自我教育是自己对自己进行的教育活动，是施教者和受教者统一于一身的教育活动。从本质上看，自我教育的过程就是人们自我认识、自我发展、自我完善的过程。与学校教育不同，在学校教育中，教育者主要是由他人承担，我们把这种由他人承担教育者的教育简称为他人教育，学校教育、家庭教育和社会教育都属于他人教育的范畴。因此，统一的、整体的教育可以分为两大类，即他人教育和自我教育，或者划分更细一点，有四大类，即家庭教育、学校教育、社会教育和自我教育。人的一生，总是要接受这四个方面的教育，每一方面都是不可或缺的，缺少了任一方面，都会对人的发展造成影响。由于种种原因，一些人可能在某些方面受到的教育不足，例如，有的人缺少家庭教育，有的人缺少学校教育，这只能通过强化别的方面的教育来加以弥补，但在一定程度上难以完全弥补。而自我教育则是任何人在任何时候都不可或缺的，一旦缺少了，人就难以正常成长。从人的健康发展看，人都必须接受家庭、学校、社会和自我这四位一体的教育，在这四位一体中，自我教育是核心，学校教育是基础，家庭教育和社会教育则是不可或缺的补充。人为什么能自己教育自己呢？人为什么既是受教育者，同时又是教育者呢？根本原因就在于人有自觉能动性，能主动认识外界事物，能形成自我意识，能超越自我、认识自己。具体说来就是人能够通过实践活动，主动获取信息、加工信息，从而把握事物的发展趋势、弄清事物的发展规律，并以此教育自己，指导自己的行动。人也能通过社会交往，通过社会活动，弄清个人与他人的关系、个人与社会的关系，了解社会对自己的要求，并以社会的要求为标准，教育自己、修炼自己，以适应社会，同时，发挥自己的创造性，提出改革或创新的方案，并通过具体实施来创造新事物、新生活，促使社会获得进一步发展，自身也得到高度发展。

自我教育的过程往往体现为两对"自我"的矛盾运动。一对是理想的"自我"与现实的"自我"的矛盾运动。人都有理想，都追求成为一个更理想的人，这就是理想的"自我"。一般来说，理想的"自我"是教育者，现实的"自我"是被教育者，理想的"自我"不断教育现实的"自我"，要求现实的"自我"不断向理想的"自我"前进，逐步成为理想的"自我"。理想的"自我"越高尚，且又切合社会的需要与自身的实际条件，自我教育的作用就越大，效果就越好。当然，这里说的高尚不是指职位的高低、权势的大小，而是指对社会的奉献，指较高的人生境界和人格品位。理想的"自我"不是凭空产生的，不是幻想出来的，而是在现实"自我"的基础上产生的，是要受现实"自我"的制约的。理想的"自我"也有一个逐渐明确并具体化的过程，有时候，理想的"自我"可能脱离了现实"自我"的实际和社会环境的约束，这就需要现实的"自我"加以修正、充实和完善，使之更加符合社会的需要和自身的实际情况。在这里，现实的"自我"转化为教育者，理想的"自我"则转化为被教育者。这种理想的"自我"与现实的"自我"的矛盾统一与转化的运动，就是人的"自我"教育活动。

另一对"自我"的矛盾运动是指主观意识的"自我"与客观现实的"自我"的矛盾运动。人们心目中的"自我"与现实中表现出来的"自我"往往是有矛盾的，人们在实践中经常能感受到这对矛盾的存在，正是这对矛盾推动人们产生正确认识自己的精神需要。人们对自己的认识只有三种情况：偏高、偏低、基本相符。一般来说，偏高者多，看自己优点多、成绩多，看别人优点少、成绩少。只有通过组织考察和群众评价，才可能获得比较客观、公正的评价，自己也要努力正确认识自己，这就要靠主观"自我"和现实"自我"的矛盾运动。一般来说，现实的"自我"是教育者，主观的"自我"是受教育者。现实的"自我"来自三个方面，一是自己在实践中感受了"自我"，二是来自组织的教育，三是来自群众的反映。现实的"自我"不断教育自己，修正对自己的认识，有自知之明。这种自知之明也常常表现在三个方面，一是表现在认识方面，很多问题，自以为懂了，实际上没有真懂，没有真正把握其实质，因而一碰到具体问题，又糊涂了，这就促使我们要更加刻苦钻研，独立探索，反复实践检验，把它弄懂、弄通，还要随着客观事物的变化，随着社会的发展而进一步深入研究；二是对自身潜能的特点，对自己的知识结构、能力和素质发展水平有一个逐步认识的过程；三是对自己的人格有一个不断认识和自我教育的过程。只有通过实践，通过参加社会活动，才能深刻认识自己人格的优劣，从而教育自己，追求更高的境界。

（二）自我教育的特征

自我教育也叫自我学习，其最本质特征就是教育者与被教育者的同一性。除此之外，它还有以下五个特征：

（1）主动性和自觉性。主动性、自觉性是自我教育的基本特征，表现为我要教、我要学，积极主动地、自觉地进行自我教育，主动地寻找和选择教育资源、教育内容。自我教育成为内在的精神需要，表现在两方面：一是有强烈的兴趣。自我教育的兴趣是一种带有强烈感情色彩的渴望接受教育、获取知识，对事物寻根究底的个性心理特征，是对自我教育活动的一种积极认识倾向和情绪状态。有了兴趣，自我教育就不再是一种负担，而是一种精神享受，一种愉快的体验。有学者指出："儿童的健康的、有活力的成长与发展有一个根本前提，那就是他必须处于一种主动的、自由的生存状态。"因为，只有处于一种主动的、自由的生存状态，学生自我教育的积极性才能被充分调动，才能收到良好的教育效果。让自我教育和学习成为学生的精神需要，让学生热爱自我教育、热爱学习，是素质教育的要求。二是有责任感和使命感，表现为对人生价值和意义的深刻认识，对学习目标和意义的深刻认识，以及由此产生的对自我教育和学习的积极态度和执着追求。

（2）独立性。自我教育总是独立进行的，教育内容、目标、方式等都是由个人独立决定的。独立性是自我教育的灵魂，只有发扬独立性，才能使学生成长为独立的主体。独立性是与依赖性相对应的，学生总是既有独立性又有依赖性的，随着学生的发展，要逐步减少其依赖性，增强独立性。独立性不是想怎样就怎样，而是在规范的约束下，通过独立思考和活动来进行自我教育。

（3）自控性。教育是有目标、有计划、有活动的生命过程，是一个人的认识、智慧、情感、意志、性格等得到不断成长发展的过程，要使教育富有成效，就必须及时明确教育目标，提出并实施教育计划，在实施过程中，还要不断排除干扰，及时进行反馈、修正。因此，教育是一个有严格调控的发展过程。同样，要进行良好的自我教育，也必须有良好的自我调控——要自订目标、自订计划、自我实施、自我修正、自我强化。在自我教育过程中，对教育状态、教育行为进行自我观察、自我审视、自我调节，并能对教育效果进行自我检查、自我总结、自我评价。努力培养自我教育的自我意识和自我监控能力，是保证自我教育效果的重要环节。

（4）内省性。自我教育是一种内在的教育活动，采用的是自己审视自己、自己提醒自己、自己修炼自己、自己思考自己的方法。比如说，为了加强自己的修养，规定每天必须总结自己的言行，吸取教训、总结经验，从而使自己的言行更谨慎、更规范。再如，为了解决某个问题，努力进行独立思考，开拓思路，从多方面进行探索研究。所有这些，都是一种内在的心理活动，是一种主动、自觉的反省自己、开发自己的精神活动。

（5）系统性和随机性。自我教育既有系统性又有随机性，系统性是指自己规定的在较长时期内坚持进行的有明确目标、内容的自我教育。主要有三种形式：一是自我总结，通过及时总结实践经验进行自我教育，有的人有记日记的习惯，这就是一种自我教育的良好形式；二是自我探索，对于一个需要解决的问题，通过多方调查了解，收集有关信息，通过独立思考、探索研究，然后，求得问题的解决方法；三是自我修养，自己提出明确的要求，如，要尊重别人，信守承诺等，坚持身体力行，如未做到，则自我检讨，这样长期坚持，使自己达到更高境界。

自我教育的随机性，是指一个人在工作、生活中，时时处处都可能受到启发，从而引发随机的自我教育活动。比如，看到某人犯了错误，自己就要反思，警醒自己不要犯类似的错误；看到别人高尚的行为，就要求自己学习等。又如，看到了某种现象，获取了某些信息，就能启发自己的思考，从中感悟出道理来等。总之，我们要做个有心人，随时随地捕捉有用信息，随时随地吸取教育资源，要养成及时做记录的习惯，要把这些随机性、偶发性的自我教育心得，及时记录下来，日积月累，必有较大收获。

二、自我教育与他人教育的关系

一生中，自我教育与他人教育总是同时存在的，总是相互渗透、相互融合、相互促进的，以形成一个统一的教育过程。它们的关系可以从两方面分析，一方面是从它们的相互作用看，自我教育要以他人教育为引导，他人教育则要以自我教育为基础，要通过自我教育才能起作用。例如，对教师在课堂上讲授的内容，包括知识、方法等都要通过学生个人的独立思考、感受、体验、领悟才能真正懂得。因此，知识并不仅仅是教师教会的，也是学生通过自我教育"教"懂的。对于同一个老师讲授的内容，由于学生自我教育水平、自我教育的力度不同，学习效果会有很大的差别。当然，影响听课效果的因素很多，诸如，学生原有基础、学习兴趣、注意程度，甚至对教师的态度等，但自我教育能力无疑是重要因素。所以，教师不能只管自己的"教"，也要注意引导、启发学生的"自教"。我们既要重视学生的"学"，更要重视学生的"教"，不仅要从"学"的角度，也要从"教"的角度要求学生，不仅要帮助学生学会学习，还要帮助学生学会教育，学会自己说服自己、自己启发自己、自己感动自己、自己开导自己。总之，要把教和学统一起来，既当学生，又当教师，既努力接受他人教育，又努力进行自我教育，从而更好地提高教育效率和效果。自我教育要主动接受他人教育的引导、启发、释疑等，没有他人教育的引导、启发，自我教育会变成随意性教育、低效性教育。只有二者紧密结合起来，相互促进，才会有高效的教育。所以，一个自我教育水平高的人，即便离开了学校，仍然会主动寻求接受他人教育，多渠道、多形式地接受他人教育，如，读书看报、听报告、参加短期培训、参观访问、实地考察、与人交谈、开会讨论等，无一不是接受他人教育的好机会，抓住了这些机会，又有高水平的自我教育相配合，就一定能够不断发展自己、升华自己，不断提高自身素质发展水平。

另一方面，从发展进程看，他人教育与自我教育呈现出一种动态变化的态势。从总体上看，人的一生中，在开始阶段，他人教育处于主导地位，自我教育处于萌芽阶段；随着人的成长，自我教育的成分越来越多，所占比重越来越大，甚至会超过他人教育，变成自我教育为主、他人教育为辅，也就是达到了"教是为了不教"的境界。"不教"并不是否定他人教育，而是要更好地弘扬自我教育，并在自我教育的基础上，主动地寻求和选择他人教育，从而在更高水平上把自我教育与他人教育统一起来。

对于大学生来讲，我们的教育已经发展到了这样一个阶段：逐步实现以他人教育为主，向以自我教育为主转化，逐步做到自教为主，同时，努力争取他教，主动寻求、选择他教。不仅要虚心向老师学习，也要虚心向同学、同事学习，努力收集有关自己专业方向的资料，广泛获取相关信息，了解学科发展动态，更好地确定专业方向，为进一步发展打好基础，这既是以自己为主导的自我教育，又包含有自己主动选择的他人教育，这就是高效、优质的教育。

三、努力构建终身自我素质教育体系

随着对素质教育认识的深化，人们意识到，自我教育也必须以开发自身潜能、提高自身素质、促进身心全面发展为根本目标，即要努力进行自我素质教育，努力构建终身自我素质教育体系。之所以说体系，是因为它涵盖目标、内容、方法、形式、渠道等方方面面，组成了一个相互协调、相互促进的自我发展系统。

1.要不断提高自我素质教育的自觉性，把努力进行自我素质教育作为毕生的任务，把努力构建动态的终身自我素质教育体系作为义不容辞的责任。不断强化第一责任人的责任意识，从历史的使命感和责任感的高度，来认识自我素质教育的必要性、重要性和紧迫性，从而不断提高自我素质教育的自觉性。

2.要对自身素质的特征和发展水平有正确的符合实际的认识，要从自身实际出发进行有自我特色的素质教育，不攀比，既不盲目攀高，也不妄自菲薄，而是要突出自身特色，发扬自我优势。

3.要根据社会的需要和自身的实际提出明确的目标体系，既有总目标，又有阶段性目标；既有对某一方面素质的培养目标，又有对综合素质的培养目标。总目标是长远发展目标，带有战略性和根本性，标准应当高一些，这里的高是指素质发展水平的高，人生发展境界的高，而不是指职位、地位或金钱权势；阶段性目标是一个阶段的发展目标，应该明确具体，既要有先进性，又要有现实可能性，阶段性目标是必须按时完成的目标，有了目标，就要严格要求自己。由于人的综合素质既以各方面素质的均衡发展为基础，也有赖于各方面素质的组成结构、协调配合和相互促进，因此，要在完善素质结构、实现各方面素质的和谐发展上下功夫，从而不断提高整体素质的发展水平。

4.努力开辟自我素质教育渠道，提高自我素质教育效果。首先，自我素质教育是全天候、全时空教育，不论是在工作、学习或是休闲、娱乐时，都可以进行的教育，它不需要教室或者其他固定的场所，任何地方都可以进行，自我素质教育存在于人的实践活动中，存在于日常生活中，只要有心，到处都可以获取教育资源。只要注意观察，处处都可以有所发现，有所启示。其次，要主动寻求、选择并接受他人教育的指导，充分利用他人经验，利用图书资料、报纸、杂志，以及广播、电视、网络等传媒，广泛吸取教育学习资源，既要有所选择、突出重点，又要广收信息、博中取精、开阔思路、激发灵感。要争取学习机会，听报告、参加学术研讨、参观考察等，只要有必要，就要争取参加，而且认真刻苦学习，从观点碰撞中开启思路，寻找新意，从而使自己的认识更全面、更深刻，经得起推敲，经得起实践和历史的检验。

5.要逐步建立和完善一整套有自我特色的自我素质教育的方法和体系。自我素质教育的方法与第四章中论述的学习方法有很多共同点。但自我素质教育的方法也有特殊性，这里作一些简要分析：

（1）反思是自我素质教育的主要方法。人生的道路很长，要判断方向正确与否，特别需要反思。因此，人人都要学会反思的思维方法，养成反思的习惯，把反思变成自己内在的精神需要。

（2）由于自我素质教育的内容是主动寻找和选择的，因此，学会观察的方法，培养观察能力和观察习惯就显得尤为重要，要努力使眼界开阔起来、眼光敏锐起来，始终保持好奇心，善于深入细致地观察事物，及时捕捉关键信息，有所发现、有所启迪，将具有积极意义的外在事物转化为自我素质教育资源。

（3）由于自我素质教育具有独立性、自控性、内省性等特点，要培养独立思考的习惯，提高独立思考的能力，就要约束自己，集中精力，抓住主攻方向。只有不断提高自控能力，才能保证自我素质教育持之以恒，取得实效。由于自我素质教育是心理活动，为了提高成效，往往需要物化，需要有物质载体，如文字、图形、声音、实物等，才能使其更清晰、更深入，因此，要养成运用文字、图形、实物等激活自我教育过程、记录自我教育结果的习惯。

（4）由于自我素质教育带有随机性，因此要养成在无意中、在随机活动中接受自我教育的习惯，并及时将这些零散的、随机的自我教育加以记录整理，使其系统化。

（5）要坚持不断总结实践经验，这是自我素质教育的基本途径，也是人类认识事物、认识社会的基本途径。总结就是回顾、就是思考、就是探索，总结就能深化认识，就能提高水平。总结可以让人们的思路更清晰，认识更全面、更深刻，发现规律性的东西，看清现象的本质，总结是对自己的审查、梳理，可以让人们更自信、谨慎。总结实质上是把实践经验上升到理论高度的过程，也是自我认识的内化、升华的过程，是最有效的自我素质教育过程。因此，必须高度重视总结经验，养成做完一件事就及时进行总结的好习惯，把及时进行总结变成习惯行为和精神需要。

（6）要认真做好资料的收集整理工作。要根据自我发展的需要，收集有关资料，及时进行分类整理，编写查阅索引，要及时整理学习笔记，如果有了较深的心得体会，还可以写成文章。无论什么时候，灵感被激发，就要及时抓住不放，随时捕捉思维的火花。要加工整理所有有用资料，并要妥善加以保存，以备随时查阅、调用。这些都是劳动的结晶，智慧的成果，是宝贵的精神财富，理应倍加珍惜。

（7）制订终身自我素质教育规划框架。为了使自我素质教育经常化、系统化，有必要制订框架式的自我素质教育规划。之所以说是框架式的，是因为自我素质教育总是不断发展的，规划也要不断调整、充实和完善。自我素质教育规划框架大致包括以下四个方面的内容：一是要有对自身素质发展水平和特点的分析；二是要有明确的目标体系；三是要有适合自己的教育方法和途径；四是要有评价、检验等方面的内容和要求。

第三章　高职院校大学生人文素养培育

当今世界，正经历着一场深刻的社会变革，科技的飞速发展，经济全球化的加快，青年价值观和社会意识多元化趋势明显，给当代青年学生的教育带来了新挑战。面对新形势，如何传承中华民族的传统文化，进一步推进人文素养教育，引导青年学生树立正确的人生观、价值观，是我们德育工作者面临的新课题。

第一节　人文素养教育概述

一、人文素养的内涵

人文在客观上通常是指人在适应、改变、创造自然、社会和思维中形成的各种社会文化现象，反映在哲学、文学、历史学、人类学、义化学、美学、艺术学范畴的概括和表达中，区别于数学、物理、化学、天文、地理、生物等范畴反映的自然现象。

中国古代的"人文"，最早见于公元前11世纪的《周易》："文明以止，人文也。观乎天义，以察时变；观乎人文，以化成天下。"这里的人文指的是与包括自然现象及其变化规律在内的天文相对的"礼乐教等文化"。唐孔颖达疏："圣人观察人文，则诗书礼乐之谓，当法此教，而化成天下。"《词源》

和《辞海》对人文的解释是"泛指人类社会的各种文化现象"。《后汉书》中也载有"舍诸天运,征乎人文。"唐李贤注:"人文,尤人事也。"可见,"人文"一词,在我国古代指文物制度和社会教化等文化现象,这与现代意义上的人文有着密切的联系。

在西方,"人文"一词最早起源于拉丁文 humanitas,发现于古罗马哲学家、政治家西塞罗的著作中,是西塞罗在翻译希腊文 paideia 时使用的。在拉丁文中,humanitas 的原意是"人性""人情""万物之灵",而希腊文 paideia 相当于今天的"文化""教育"的含义。西塞罗用 humanitas 来表达一种教育理想,即通过教育和教化使人获得完整、固满的"人性",他同时也用这个词表示具体的课程体系,是古罗马时代成为真正的"人"即"公民"或自由民所必修的科目,包括哲学、语言、修辞、历史和数学等。

humanitas 的核心思想,是把人作为一切活动的出发点和归宿。到了文艺复兴时期,"人文"一词成为反对神权,重视人的价值,尊重人的尊严和权利,关怀人的现实生活,提倡人的自由、平等的旗帜。随着科技的发展和科学主义的兴起,"人文"一词开始与"自然科学"相对称,泛指人类在精神文明、文化领域的各种现象。

综合中西方对"人文"一词的理解,人文即"人之所以为人"的各种属性。而人之所以为人,人比其他动物来得高贵,最根本的就是:人有意识、有理性,懂得遵守社会和为人的基本规则;人类有历史进程中沉淀的各种文化;人类有求真、向善、爱美的品格。

何为人文素养?人文素养泛指社会成员在先天生理基础上,经过后天教育和社会环境的影响,所形成的相对稳定的人文方面的综合品质及行为表现。它通常包括五个方面内容:一是具备人文知识,二是理解人文思想,三是掌握人文疗法，四是内化人文精神，五是践履人文行为。其中，人文精神是人文素养的核心。人文精神主要表现在：在处理人与自然、社会及文化的关系时，突出人是主体的原则；在认识和实践活动中，以人的各种需要的满足为最终诉求，强调人是目的的原则；在人与物的比较中，强调人的价值高于物的价值、生命价值优先的原则；在人与人的关系中，强调相互尊重对立的人格尊严，突出人人平等的原则等。

人文素养与人文知识是两个不同的概念。知识是外在的东西，是材料、工具，是可以量化的东西；必须让知识进入人的认知本体，渗透于思想与行为中，形成一贯的、稳定的人格和品质，才能称之为素养。人文素养在涉猎了义、史、哲等人文知识之后，更进一步认识到，人文知识到最后都有一个终极的关怀——对人的关怀。人文精神的真谛，是对人的命运的关怀，对人的价值的肯定，以及对人生和生命意义的探寻。在人与自身的关系上，突出地显示讲理想、讲进取、讲守节、讲自律的精神境界和价值取向；在人与他人的关系上，突出地显示讲诚信、讲友善、讲包容、讲互助的精神境界和价值取向；在人与集体的关系上，突出地显示讲大局、讲奉献、讲合作、讲和谐的精神境界和价值取向；在人与社会的关系上，突出地显示讲法纪、讲文明、讲公平、讲安定的精神境界和价值取向。

二、人文素养的特征

（一）人本性

人本性是指人文素养教育以"以人为本"为基本理念。

人文素养教育的价值取向就是为了人、出于人、归于人。自然不是作为纯客体的对象存在，而是对象化了的为我存在；社会不是作为外在于个人的异己力量,而是内存于个人的人的社会;人生的各种现象也不再是神秘莫测、不可捉摸的,而有其规律和轨迹;人在自然界中具有崇高的地位,人的存在、生命的存在具有他物不可比拟和取代的普遍意义和价值。为此,人文素养教育弘扬人的个性、完整性、历史性,致力于人性的生成、扩展和人性境界的提升。具体地说,人文素养教育不拘泥于概念、事实、原理及技术的掌握,而是力促对个体和社会生活实践的人文反思,唤醒人的内在的人文需要,培养基本的人文素养,树立高尚的人文理想和人文精神,使之真切感受和体验到人性的美好和人生的尊严。

人文素养的培养,贵在从"己"做起,亦即古人强调的"修己",其要旨在于学习的自觉性和内省性,它不仅是道德教化的基础,也是自我境界提高的关键。人文素养的形成关键在于个人的内化作用。因此,人文素养教育不是靠灌输,而是要积极引导,激发学生的主体能动性。在教育方法上也要摒弃那种简单的"说教""训导"和"诫勉"。由此来看,人文素养教育的方式和方法也是坚持"以人文本"的,多采取"讨论""对话""实践"和"反省"教学方法。在讨论中,讨论各方的立场得以展现,在对话中,对话双方的观点受到质疑,在实践中实践者感受人文素养和人文精神的价值,在反省中个体发现内心的矛盾与冲突。

(二)时代性

时代性是指人文素养教育是一个具体的历史的动态系统,它的内涵和外延既有历史继承性,也会随着社会的变迁而与时俱进。也就是说,不同的时代对人文素养的要求会有所不同,这也就决定了人文素养教育也要随着时代的不同而不同。

按照马克思主义的观点,精神生产随着物质生产的改造而改造。精神的东西含有认识主体的能动创造，但归根结底是一定历史时代，人们的物质生活过程的必然升华物。因此，不同时代的精神表征，会有不同的内容和形式。因人文精神具有时代性，人文素养教育就不能脱离所在的环境和条件，去培养"一般""永恒"的人文精神。在今天，人文素养教育更要立足于建设中国特色社会主义的时代要求，批判继承历史上优秀的思想成果，大力弘扬广大人民在长期革命、建设实践中最珍贵的精神，使之凝聚成新条件下可贵的时代精神。

（三）民族性

这就是说人文素养教育所需要提升人的人文精神，归根结底是民族性的。人类历史是一个基于社会基本矛盾的辩证发展过程。生产力和生产关系的对立统一，经济基础和上层建筑的对立统一，在不同的国家和民族会有不同的具体情形，这是人文精神之所以具有民族性的根源。比如，在中华民族的历史中，注重社会责任，关心国家社稷，重视整体和谐，推崇公忠为国的整体精神和爱国主义精神十分突出。这种精神的形成，就是同中国社会特定的经济、政治背景和具体的历史特点直接相关的。总的来说，人文素养的形成和培养离不开各个民族、国家特有的历史和文化发展。中国人的人文素养的形成有其特有的文化背景和历史特点，因此，人文素养教育要研究和吸取中华民族的优秀文化和独有的民族品质和民族精神，这是人文素养教育民族性的根本要求。

还要说明的是，承认人文素养教育的民族性不等于否定其开放性，也就是说，人文素养教育既要体现中华民族的独立和尊严、进步和发展，坚持民族的精神发展的主体性，同时，又要积极学习、借鉴、吸收世界上其他民族的文明成果。随着世界市场的开拓，在当今的世界，各民族间优秀文化的开放形成互相吸收、互相发展的关系,并日益成为历史发展的潮流。因此,人文素养教育在坚持民族性的前提下,要博采众长,以更好地丰富民族文化,促进各民族文化的和谐交融和共同发展。

三、培养大学生人文素养的意义及作用

(一)是时代的要求和需要

今天的大学生是面向世界、面向新世纪的新一代,面临的是一个知识经济时代,是一个靠人才进行全面竞争的时代。新时期大学生是新世纪高级专门人才的预备队,时代对其寄予厚望,也对他们提出了前所未有的高要求。现代社会的快速发展要求大学生必须具有相适应的文化品格和全面素养,单纯的科学知识已不足以使人成为真正有利于未来社会发展的一流人才。新时代的大学教育已不能是单纯的职业教育,不是只为了学一门专业和掌握一项技术,而是要培养具有较高文化素养和文化品格的全面发展的人。因此,大学教育不仅要注重专业教育即科学技术教育,更要注重文化素养和文化品格教育即人文教育。

(二)是经济发展和社会进步的需要

社会中有许多人认为,搞现代化建设,一是要有资金,二是要有技术,别的都是次要的。实际上,现代化建设归根到底要靠人,人才的素养是现代化建设成败的关键。现在人们常说,能源、交通是经济建设的"瓶颈",固然是对的,但从长远看,影响经济建设最大的"瓶颈"无疑是国民的文化素养和文化品格。无论是从实现经济体制与经济增长方式两个根本性转变来看,还是从实现物质文明和精神文明共同进步、经济和社会协调发展来看,

都要求教育致力于提高国民素养。特别是肩负培养高层次、跨世纪、高素养专门人才重要使命的高等教育，更要着眼于提高学生的全面素养，特别是人文素养。

（三）是学科发展的需要

20世纪，科学的发展，一方面表现在原有学科分工越来越细，研究越来越专业化，新兴学科不断涌现；另一方面表现在学科间的交叉渗透，自然科学和社会科学综合化趋势越来越明显。在实际中，学科的发展从低水平的综合走向分析，现在又走向高水平的综合，已成为一个重要的趋势。以工程学为例，美国国家工程院院长奥吉斯丁认为现在工程学已进入了一个社会工程时代。他说，现在的工程是不同学科的综合，要求工程师善于研究跨学科的难题且能取得突破。当前，为适应这种学科交叉、文理渗透的发展趋势，对大学生进行"通识"教育（而非"通才"教育），培养文理结合、能够综合创新的复合型人才，已成为国际教育改革的新潮流。

（四）培养丰富创造力的优秀人才的需要

《高等教育法》规定，高等教育要培养面向21世纪，具有创新精神和实践能力的高级专门人才。因此，我们必须重视学生的创造力培养。著名科学家钱学森说，创造性思维往往在不同学科知识和思维方式的交叉渗透中产生。他是搞科学技术的，但是在哲学中颇有造诣，对艺术也很有研究。关注经济发展与人的道德、伦理、精神相协调，合乎逻辑地成为当今世界教育改革的共同趋势。

（五）是人才竞争的需要

当今世界，各国的竞争主要表现在两方面：一是表现为经济、国防、科技的竞争,二是表现为人才的竞争、人才素养的竞争。我国只有加快教育改革的步伐,在人才培养上更新观念,从青少年抓起,从人文素养教育入手,提高人的综合素养,才能适应新形势下人才竞争的需要。知识经济时代是进一步走向全面发展的时代。人的全面而自由的发展,离不开人的人文素养的提高。人文素养的提高,既是人的全面发展的内容,是社会进步与发展的内容,也是人的专业能力、业务素养发展的必要条件。从某种意义上说,人的专业能力、业务素养只是人的全面而自由地发展的条件;而人的人文素养,即思想境界、情操、认识能力、文化教养,才是人的全面而自由地发展的标志。

(六)帮助塑造青年理想人格

所谓人格,是指人的信仰和情操、态度和兴趣、气质和素养以及价值观的总和,它是人的内在素养与外在素养的统一。人格的核心是人的内在素养,即人的精神境界和思想意识。我们知道,推动国家的经济发展和社会进步,必须依靠内在的动力,这种内在的动力来自于人的素养,建设现代化的国家必须依靠具有现代素养的人,具有现代素养的人首先要具有健康理想的人格。传授人文知识,可以帮助青年确立人生航向,树立正确的人生观、价值观,可以帮助青年拓展思维、陶冶情操,可以培养青年爱国主义精神、集体主义原则和职业道德操守,可以提高青年的人性修养。

四、大学生人文素养教育的现状

近年来,高等教育得到了快速的发展。但由于受市场经济负面效应的影响,高等教育普遍呈现重视知识灌输和技能训练,而忽视心灵教化和人格培养的局面。因此,作为培养技术应用型人才基地的高等院校,必须以素养教育的理念为指导,加强大学生的人文素养教育,避免人才的"畸形"发展,以适应未来高素养人才的需求。高等院校人文素养教育存在的问题具体表现有如下几个方面：

1. 欠缺人文知识，人文素养偏差

目前，高等院校普遍不重视人文素养教育，高等院校的大多数学生也抱着实用主义的态度，偏向于学习"有用"的知识，放弃人文知识的学习。有些学生的文学艺术修养、语言表达能力、文字书写水平远没有达到大学生应有的水平。他们除了在课余时间参加一些社团活动，很少主动接触哲学、历史、文学、艺术等有关人文社科方面的知识。在他们看来，拿到专业技术某个等级的证书就意味着具备了相应的能力，而掌握人文知识与提高职业能力和就业无关。事实上，掌握人文知识与提高能力是辩证统一的。人文知识可以内化为做人处世的能力，可以积淀为内在的文化素养。作为一名中国大学生，应对人类的文化遗产、对中华民族悠久的历史文化有所了解，特别是对中华民族所特有的文学艺术和伦理情操有所掌握。

2. 缺失人文精神，人格塑造比较困难

当前，高等职业院校学生的人文精神缺失，导致了很多学生缺乏坚定的理想和信念，缺乏明确的人生目标和精神追求。有些大学生缺乏积极奋进的人生理想，除了专业技术知识，对其他知识都不感兴趣，因而思想苦闷，精神压抑，消极悲观，无所事事；有些学生的独立性、自主性意识增强，渴望实现自我，但对他人和社会没有责任感，集体意识与合作意识淡薄。

第二节　高职院校大学生人文素养培育的主要内容

功能，就是事物所发挥的有利的作用。从教育与人的发展、教育与社会的发展两条基本规律出发，大学人文素养教育的功能体现在促进个体成长与社会进步两方面，两者又以"国民素养的提升"为连接点。为此，要建立人文素养教育的三个系统：一是从文史哲等基础人文学科出发，开展人文知识的传授，建立普遍的人文知识系统；二是从"以人为本"出发，开展人与自我、人与他人、人与社会、人与自然四个关系的认识，建立完整的人文思想系统；三是从人的知、情、意的心理结构出发，建设求真、向善、尚美相统一的和谐的人文精神系统。三个系统相辅相成，统一于个体的健全人格之中，并最终推动社会精神文明的进步。

一、对人文知识的传授

格物致知是教育的出发点，大学人文素养教育首先要以基础人文学科为载体，开展人文知识的传授，建立普遍的人文知识系统。人文学科是人文知识的载体，它是人类关于人文领域的主要学科，它以人类精神文化生活为研究对象，帮助人们理解生命的价值，对人生观、价值观起到直接的影响。文学、史学、哲学，并称"文史哲"，是人文学科的基础和经典学科。这主要是因为文史哲教育教人认识人的本质，教人建立自身的价值体系。人文学科探讨人的本质，就在于揭示、确立具有历史合理性的价值取向和理想追求，批判、解构过时的价值体系，建立民族在一定时代的价值体系，即体现着时代精神和民族精神的新的价值体系。

（一）哲学

人们通常把哲学称作"世界观理论"。哲学处在一切学科的顶层，侧重对形而上问题和终极命题进行研究，它是对基于普遍联系的世界整体的本质的揭示与说明；是把"整个世界"作为思考对象，用马克思主义的观点来表述，哲学是理论化、系统化的世界观，或者说是世界观的理论体系。

哲学是一种世界观，同时也是一种方法论，即是一种思维方式。世界观与思维方式是哲学这枚硬币的两面，因为任何世界观的发生都是实践需要的产物，它在运行发展中必然要转化为思考问题的理性工具，即一定的思维方式。哲学可以营养人们的思想土壤。哲学是民族文化中最精致的部分，因为它站在高处，对各个具体的学科做出反思、批判、抽象和概括，找出最本质的联系。哲学是它所处时代的精华，是人类文明孕育的灿烂成果。哲学可以锻炼人们的思维能力。哲学提供的是关于事物和现象的本质和根源的知识。哲学可以解答现实人生的疑惑。一个人在现实生活中会遭遇到纷纭复杂的事物，难免会陷入迷茫，但哲学的价值就在于，任何事物的运动规律都跳不出它的范围。学好哲学，就掌握了一般规律，有助于认识特殊规律，有助分析矛盾、解决问题。哲学可以提升人生的境界。哲学对人的精神生命有着极高的启示性，它开阔人生观的眼界，提升人生境界。

（二）史学

我是谁？我从哪里来？看似最原始但又是最终极的问题，表达了人对自身归属的追寻，这就是"历史"教育之根。

史学在整个人文和社会科学领域中处于一种主导的地位，一方面，史学主要研究人类如何创造历史活动，包括人类社会历史发展的内在动力、历史的发展规律等。史学虽然立足于历史，但却是一门动态的人文科学，它是通过帮助人们认识和掌握历史发展的规律，进而认识人类；另一方面，它以整个人类社会的发展过程和规律为研究对象，因此它的研究成果对各门科学都具有广泛的借鉴作用。史学为许多学科的创建和发展积累了丰富的思想资料，影响和推动了其他各门科学的发展。

史学以研究过去的社会为起点，以服务于现在社会为归宿。学史对于培养大学生的理想、信念、道德和情操，均有不可低估的作用。一是使人明智。史学源于人类的历史活动，具有比一般学科更为古老的历史。历史给人以启示，为现代人的生活提供了方向。二是让人爱国。历史知识的学习，可以陶冶人的情操，升华人的精神、启迪人的智慧、激发人的热情，增强人对社会和民族的自豪感和责任心。

学历史，首先要有正确的史识。史识要通过读"史"书来获得。读"史"书，千万不要读"死"书，要通过故纸堆看到鲜活的当时的人和事，更进一步的是读到当时的精神气质。学历史，更重要的是史鉴。学历史不是单纯地解释历史，而是要把历史当作一面镜子，照见过往的是是非非，特别是要吸取历史的教训，这就是后车之鉴的意义所在。

（三）文学

文学是人们对自我、生命的认识的艺术化表达方式。文学以独有的审美的方式，使人们更形象直观、更细腻微妙、更犀利深刻地认识自己、认识世界，从而理解人生的价值，理解生命的意义。与其他的意识形态相比，文学对人的反映主要有两个特点。第一，文学是人类的思想、意愿、情感的表现，是人的心灵世界的呈现。虽然文学也能忠实地记录人类所经历的外在的社会生活，但它更侧重对情感的表现。第二，文学表现人的感情，不像哲学那么抽象地观照，不像历史学那么忠实地再现，也不是通过议论或者说理，而是通过动人的形象来反映人类的丰富的思想感情。

我们需要文学，是因为文学是人类追求精神自由的必需品。文学教育本质上是一种审美教育、情感教育。通过文学开展审美教育，培养人的高尚情操、优美感情，无疑是对人生的丰富和提高。一个人如果懂得艺术和审美，他的心灵就比一般人更开阔、更柔软，更通情达理，更具有人性，就超越了自身的局限性和古人以及未来的人站在了一起,因为美感是超功利的,是可以相通的。超越了现实的局限,获得了精神的自由。人生境界从根本上说,不是取决于外在的物质、金钱或权势,而是内心的充实感和幸福度。追求高尚的境界是自古以来人生最美丽的文化现象之一,而人能否达到内在心灵和精神修养的高度,离不开艺术境界的熏陶。

二、对人文思想的启迪

大学人文素养教育还要从"以人为本"出发,开展人与自我、人与他人、人与社会、人与自然四个关系的认识,建立完整的人文思想系统。人文思想是以人为出发点的思想。

(一)人与自我

对大学生来讲,人为什么要活着?如何自我选择和自我实现?如何面对成长的烦恼?如何面对生存的苦难?都是他们经常思考而往往困惑的问题。

第一,正确认识自我和人生。人生只有一次,因此我们要格外地敬畏生命。人最难认的是自己。但是人必须认自己,正确认知自我并不容易,而自我认知偏差倒是常有的事。大学生中常见的自我认知偏差包括:过度的自我接受(自负)、过度的自我拒绝(自卑)、过强的虚荣心、过多的自我中心、过多的从众心理等。大学人文教育要帮助大学生克服自我认知的偏差,树立正确的自我认知观。

第二,树立人生信念。人文教育应该教会青年人真挚地追求有意义的人生道路,尽快树立属于自己的坐标系,开辟有意义人生的途径。

第三,生动地自我选择和努力地自我实现。人的一生,除了出身,其他的一切都是由自己选择而来。与过去相比,当今社会更加开放和包容,蕴藏着丰富的机遇，但是路径太多反而让年轻人无从选择。自身的局限性和选择的多样性常常是高年级学生非常纠结的矛盾。具有选择的自觉和自主，才有人生后面的自我实现。自我实现的人最终所爱恋的是价值而不是职业本身。当一个人赖以谋生的职业，与其学有所成的专业，以及其由衷热爱的事业之间实现了统一，我们基本上可以说他达到了自我实现。

第四，正确面对人生的苦难并进行自我调节。现在的大学生面临的压力较大，学习压力、经济压力、情感压力、工作压力，在种种压力面前，心理承受力比较差的同学就容易表现出缺乏自信、焦虑、易激惹、抑郁、冷漠等极端情绪。随着生活节奏的加快、经济结构的变化，种种精神疾病和心理障碍均呈上升趋势，对人类的健康构成潜在的威胁。大学人文教育要加强心理健康教育，要让大学生明白没有疾病只是健康的最低要求，健康的目标应该是追求人生更积极的境界、更高层的适应和更充分的发展。一个健康的人，应该能适应紧张，承受压力和挫折，积极安排自己的各种活动，通过自我调节，使心理、精神和情感融为一体，使人生更丰富多彩、更充满生机和富有文明意义。

（二）人与他人

世界在具体的个人那里，首先打开的往往是人与人之间的维度，正是在这个维度中，我们体验到作为个体的"自我"以及同样作为个体而存在的"他者"。对人的认识离不开对人与人之间关系的认识和处理。

处理自我与他人之间的关系，关键是要处理好自我与他人的利益关系，尊重他人利益和集体利益。利益主体之间难免有矛盾，但是都要遵循社会公平的原则以及人道主义精神。对于人与人之间的理想关系，孔子精辟地概括为一个字"仁"。"仁"字拆开看，就是"二人"即"人与人"，"仁"就是讲如何处理人与人之间的关系，《论语》通篇讲"仁"字，基本原则就是"仁爱"的精神。孔子由人性之仁爱的次序，由近及远，以论人人亲其亲、长其长而天下。儒家提倡"仁爱"思想的目的是维护封建社会的政治伦理，是中国古代的人性和人格的实现方式。今天，在现代民主精神的观照下，我们更多地提倡人道主义和利他精神。人人平等、人人自由的意识得到普遍认同，在更高层面上看，利他和利己是一致的。

（三）人与社会

人与社会的关系认识可以具体分为两个关注的视角：一个是人与国家，一个是人与世界。

1. 人与国家

当我们谈到人与国家的关系时，最常说的价值观是爱国主义，但是人对国家的认识是从家族、家乡开始的。中国人具有浓厚的乡土感情。传统的爱国教育就是从乡土教育入手，从身边、脚下的这块土地开始，从祖祖辈辈生息繁衍的土地开始。

现代中国需要的人才，需要有深厚的优秀的民族文化底蕴，能以民族国家内部的经济利益、社会福利、政治民主、社会公平、法制和道德建设为己任，不断贡献自己的智力和能力。

2. 人与世界

当今世界，已经进入一个全球化的时代，现在的人，不仅是某个国家的公民，而且也是世界公民。在当今世界上要处理好两个问题，一个是如何遵循全球认同的行为规则体系，即关于政治、经济、文化、司法等诸多方面的双边、多边国际条约和国际惯例，维持共同的文明。文化作为人的生存方式的表现，同样是差异与共性并存，文化差异背后的共性就建立在基本的人类共性上，这是人类不同群体以及文化间实现沟通的基础。要教育新世纪的大学生，尝试用全人类的眼光，来关注我们这颗星球所发生的宏大事件与国际难题，比如，自然灾害、环境污染、资源枯竭、人权保障、人口增加对地球生态系统的压力等等。

（四）人与自然

21世纪的教育应该学会关心，特别是高等教育应该在人类救自己的命运中发挥强大作用，致力于调整人与自然的关系，为自己和子孙赢得一个光明的未来。人文素养教育要教会大学生如何看待人与自然、人与宇宙的关系，如何处理渺小与伟大、短暂和永恒、单一和多样的矛盾，如何做到人和自然中的所有物种、生灵和平共处，享受大自然赐予的光辉雨露，共同繁衍生长。具体而言，通过人文素养教育，帮助大学生树立至少三种观念：

1. 可持续发展的自然观

"可持续发展是一种特别从环境和自然资源角度提出的关于人类长期发展的战略和模式，它不是一般意义上所指的一个发展进程，要在时间上连续运行、不被中断，而是特别指出环境和自然资源的长期承载能力对发展进程的重要性以及发展对改善生活质量的重要性。"

可持续发展的自然观特别强调人与自然的协调发展。为了人类的未来，为了实现可持续发展，人们需要在自然观上有一个重大的转变：即要从人与自然的对立（天人对立）转到实现人与自然的和谐（天人协调）。我们的大学生要自觉树立可持续发展的自然观，对所学的知识进行整合融合，以统一的知识体系理解和把握自然规律。

2. 低碳生活的道德观

近年来，我们大力提倡低碳教育，称赞"低碳美德"。低碳美德本质上是一种节约的美德。现代经济学把物质消费分为"满足需要的消费"和"满足欲求的消费",这是两种完全不同的消费。"需要"是人们为了生活必须消费的东西,而"欲求"则是在需要之外由追求心理上各种满足(诸如,优越感、满足感、攀比和炫耀等等)而形成的一种需求。人的需要是有限的、相对稳定的,而人的欲求是无限的、不停变化的。人类过度地追求不必要的欲求的满足,直接的后果是资源耗竭,环境污染加剧,最后,殃及人类自身。

低碳经济主要是两种:一种是低碳生产,一种是低碳消费。尤其是后者,人人有责。令人欣喜的是,在新的时代背景下,"低碳消费"已成为全新的生活观念和生活方式,受到年轻人的喜爱和追随。适度消费、简约主义成为时尚,这是时代的进步。低碳使人类的物质活动控制在一定限度内,既能满足人的消费需求,又不对生态环境造成危害。比如,选择使用无污染或少污染,又对人体健康有益的绿色食品;选择便捷的公共交通工具,而非私人交通工具;减少"一次性"产品使用;多走楼梯、少乘电梯等等。

3. 泛爱万物的哲学观

早在春秋战国时期,中国古代哲学家惠施就提出过"泛爱万物"的理论。这里的"泛爱"包括了宇宙万物之间的相亲相爱,明显表现出中国"天人合一"的思想特色。这个观点,在今天看来也是非常进步的。

宇宙中存在着无穷无尽的事物,这些事物又具有无穷无尽的属性,"世界上没有两片完全相同的树叶",每种事物都有独特的性质,也具有独特的价值。既然万物都是相同的,那么我们人类就应该平等地对待宇宙中的每一种事物,不应该厚此薄彼。我们在真诚地爱护自己的同类的同时,也要真诚地爱护大自然中的飞禽走兽乃至一草一木。为了人类共同的生存环境,需要更多的人一起行动起来,保护动物、保护环境、保护地球。

三、对人文精神的培育

大学人文素养教育还应从人的知情意的心理结构出发,建立求真、向善、尚美相统一的人文精神系统,构筑信仰的维度。人文精神是人类文化创造的价值和理想,表现为对人的尊严、价值、命运的维护、追求和关切。人文精神的核心是追求人类价值中的永恒主题——真、善、美。人文教育不是人们现实行为的写照,而是把这种现实行为放到可能的、应是的、理想的世界中,去加以审视,用应是、理想的标准来对它做出善、恶的评价,并以此来引导人的行为。这种应是与实是、理想与现实的矛盾运动,构成了人类的道德活动,不断推动人类向至真、至善、至美的方向前进,也使个体不断自我完善、自我升华。

(一)求真

教育通过系统的知识传授使人摆脱了无知的恐惧,获取了生存的力量。知识和真理是无限的,求知和求真的过程也就了无止境。

布鲁·贝克在著作《高等教育哲学》的第一章"高深学问"中首先指出:"每一个较大规模的现代社会,无论它的政治、经济或宗教制度是什么类型的,都需要建立一个机构来传递深奥的知识,分析、批判现存的知识,并探索新的学问领域。换言之,凡是需要进行理智分析、鉴别、阐述或关注的地方,那里就会有大学。并非是每个人都适合于这种训练的,而那些胜任这种训练的人必然能够发现这种训练,否则,社会所赖以取得的新的发现和明智判断的'涓细的智慧溪流'将会干涸。"这种传递和探索知识的内在动力就是大学求真的人文精神。

在谈到求真时,需要提及"求是精神"和"求实精神"。

"求是精神"就是本着科学的态度探求知识、探求真理。强调追求真理之可贵是大学一贯的宗旨，也是大学作为社会文明灯塔的集中体现。任何一所大学都需要在精神上树立对真理的尊重，这对大学生做人、做事都有深刻的影响。与"求是"一样，"求实"也被许多大学奉为校训，学术研究重在求实，求实对于高等教育有非常的意义。

（二）向善

"大学的真正使命是培养良好的社会公民，并随之带来社会的和谐发展。"高等教育的对象是人，而人是有道德感的，人的生存不只是一个事实判断的问题，更是一个价值判断的问题。从哲学的高度来看，后者才是真正体现人性的，也是更难的。因为人不仅力求"活着"，而且力求"体面地活着"，"有意义地活着"，力求"过一种高尚的生活"。教育的价值不仅仅在于维持个体直接的生命活动，更在于使个体生活得更有意义、更高尚。也就是说，大学教育要在追求真知的同时致力于学生品性的养成。

大学要加强道德教育。不仅向学生传授系统的道德真理，更应该鼓励学生对复杂的道德问题进行认真思考，以培养道德意识。当然，学校在对学生进行道德教育的同时，也面临着承担社会道德责任的问题。所以，"大学要让学生相信自己的道德教育，那自己就必须以身作则，自己必须承担起大学应该肩负的道德责任"。

教育要教育学生从"心存善念"到"行为善举"。现代社会需要有责任感与参与意识的公民，然而，这样的责任感和参与意识并非是与学生的智力水平同步增长的。我们要让学生尽可能地参与公共事务，采取多种方式扩大和改进社区服务项目，鼓励各类学生组织的发展，培养学生的公民意识和责任感。

（三）尚美

如果说，大学人文素养教育通过"求真"来满足人的心理结构中"认知"层次的需要，通过"向善"来满足人的心理结构中"意志"层次的需要，那么，还需要通过"尚美"来满足人的心理结构中"情感"层次的需要。情感作为把握世界的一种独特方式，与人的认识相伴随，情感又作为美好行为的内化和升华，同人的道德行为相依存。和谐、美好、丰富的情感是孕育创造性思维和灵感的温床，也是生发出道德行为和崇高理想境界的肥土沃壤。审美教育培养了人的审美精神和审美能力，对于高等教育而言，前者也许比后者更具有终极的意义。

四、对人格的塑造

人文素养教育是教学生"学会做人"的教育，是促进大学生人性境界提升、理想人格塑造，以及个人与社会价值实现的教育，其实质是人格教育。

（一）人格养成是教育的宗旨

大学四年是一个人特殊的"灵魂发育"季节。在这个季节，大学生的精神世界开始自觉地生长膨胀。我从哪里来？要到哪里去？活着为了什么？怎么活着才有意义？人该怎么做？如何实现自我价值？这些问题会不由自主地从大学生的脑海中一个个冒出来。也许过去，在中学阶段，由于认知不够，他们还没有时间好好地、认真地思考过这些问题，但是当他们跨入了大学的校门，开始独自面对纷扰的社会万象和未来选择的时候，他们开始提出深刻的疑问，并渴望得到回答。如果是这样，那我们说，这些大学生正在寻找属于自己的价值观，人文素养教育正是引导大学生寻找到正确的答案。如果有些同学还没有进行过上述思考，那么，作为大学的教育者有责任创造这一氛围，有效地引导同学对人生、前程及其所面对的世界展开自觉的思考。人文教育之所以使受教育者学习的是"人学"，不仅在于它通过人文学科的教育完善了受教育者的知识结构，更重要的是，它通过人文精神的传承健全了受教育者的心理结构和人格结构。

（二）加强对大学生的终极关怀

大学阶段就是人生的关键转折点。大学生的年纪一般为18岁至22岁，是"志于学"到"而立之年"的重要阶段，考上大学是个体"志于学"的阶段性成果，而大学阶段的努力又直接地影响未来成家立业的基本状态，因而大学对人生来说极其重要，这个阶段的大学生最需要价值关怀，人格教育就是对大学生的终极关怀。

人文素养教育帮助大学生建立正确的价值观。与专业教育相比，人文教育是一种精神文化和价值系统的传递。人文素养教育要帮助大学生树立正确的价值观，并指导其在生活中做出价值判断和行为选择。

人文素养教育促进大学生身、心与智的和谐发展。近年来，大学生的心理健康问题已经受到人们特别是高等教育界的普遍关注，自觉追求大学生的身心和谐成为师生的共识和努力方向。

人文素养教育帮助大学生适应社会角色的需要。有很多大学生逐步从单身角色转变为恋人角色，高年级的大学生在外实习，开始从学生角色转变到职业人员的角色。为了适应当前以及今后社会角色的需要，角色学习相当重要，而这需要价值观的引导，只有人格独立健全，才能承担起各种社会角色，而社会角色往往影响了人一生的发展。

五、对精神文明的推进

大学教育具有社会物质文明和精神文明的双重推动作用。20 世纪是现代大学教育成就显赫的时代，大学成为科学与人才的重要源泉，有力地促进了人类社会物质文明的进步和发展。

（一）培养有社会责任感的国民

大学人文素养教育是"育人"的教育，而非"制器"的教育，是培养高级人才，而非制造高级器材。如果说科技教育的作用在于，使受教育者掌握科技知识和科技方法，从而学会"做事"，那么人文教育的作用则在于，使受教育者领悟人生的真谛，从而学会"做人"。人是归属于国家和民族的社会人，学会做人的重要一条就是学会承担社会责任，包括拥有责任感和负责任的能力，前者是后者的前提。如果没有责任感，有再大的能力也不会转化为责任。

（二）塑造有公共良知的知识分子

社会进步需要大批拥有"公共关怀"意识和批判精神的知识分子，而这样的知识分子大多来自大学，他们身上所具有的这种"公共性"主要得益于大学人文教育的环境。通过大学人文素养教育，一方面，引导人养成健全的人格、训练独立思考的能力，让优秀的大学生不仅成为未来的学者和研究者，更要让他们成为具有公共良知的知识分子，另一方面，更直接的是，大学人文教育环境中的教授学者就是知识分子群体，他们不仅仅是知识权威，也不仅在关于社会政治、经济发展的重大判断和决策上发挥作用，而且在区分善恶、建立信念、认识真理等许多方面也发挥了的特价值。大学教育不仅造就了人类文明的知识先驱和科学家，而且在最普遍的意义上，造就了未来社会的栋梁，未来社会的中流砥柱都将是大学教育的受益者。

（三）传承作为社会灯塔的大学精神

大学人文教育寄托着大学精神，人之为人，不仅在于他是一种客观事物的存在，还在于他是一种精神的存在。大学也是如此，它之所以为大学，不仅在于它是一种客观事物的存在，向更在于它是一种精神的存在。正因为大学有不朽的精神存在，它才得以绵延不绝，历久常新。大学精神是大学文化的核心，是大学的灵魂所在。一方面，大学精神作为一种文化被大学人为化，成为大学生的良心和气质，在大学的发展中发挥着凝聚、激励、导向和保障作用；另一方面，大学精神作为高层次的优秀文化；可以辐射到社会中去。对人们的思维方式、价值观念和行为规范产生积极的影响。

大学精神是理性批判的精神。这是大学理想和追求的集中体现，它体现的实际上是大学不断追求超越的生存和发展方式，它引导着社会的发展，也克服着自身的局限，因此，永远是社会精神的泉源。

大学精神是创新的精神。高等教育传承文化，使人类千百年来所积累的文化遗产得以保留。高等教育提供了激励创新的社会文化环境。这种环境是开放性的——能够接受不同的甚至是相对立的文化刺激，能有对不同的观点表示容纳的兴趣，能够对无论是什么新鲜事物都怀有善意，并且怀有一种探究的心理。这种开放是对所有人的开放，而不仅仅是对某些有特权的人开放；这种激发人的创造的文化涉及社会的方方面面，而不仅仅是关心人类生活的一个或几个方向，让所有的人都可以自由地无差别地使用这些手段。高等教育文化就是这样一种接近于开放、激励创新的文化，永远站在社会的前沿，承担着创新文化并且激活民众创新能力的任务。

大学精神是永恒的精神。在人们心目中，大学特别是大学的文化始终是人类文明和社会进步的综合标志。大学文化经历了漫长的时间历程的考验，并且永不衰竭。最根本的原因是，大学文化中永恒不变的核心价值观念。大学人文教育用人类积累起来的具有永恒价值的文化成果浇灌人的智慧，培育人的德行，促进、保护和增强社会的价值观念，运用批判和引导功能来促进社会发展。

第三节　高职院校大学生人文素养培育的路径

为了全面实现提升大学生人文素养的目的，需要进一步探讨如何通过行之有效的载体，来推进大学人文素养教育。本节重点讨论怎样通过传统的第一课堂（课堂教育）、第二课堂（社会实践）以及新兴的第三课堂（网络平台）来开展大学人文素养教育。

一、第一课堂——课堂教育

第一课堂是传道授业解惑的主阵地，也是人文素养教育的主阵地。专业教育的任务主要是"授业"，是学习一种"术"，而人文素养教育主要是"传道"，是学习"道"，强调做人与做事的统一，属于精神层面。人文素养教育必须通过课堂教育来完成，它对课堂教育的要求主要有以下方面：

（一）完整的课程体系

人文素养的课堂教育不仅仅是在课程体系中增加几门专业之外的其他课程，而是构建一个完整的课程体系，这个体系包括两类：一类是以提高读、写、交流等方面能力为目标的技能型课程；一类是构成人类知识体系的基本学科（人文科学、社会科学、自然科学）的知识型课程，两类课程均为满足学生兴趣和个性发展需要而进行的非专业学习，其目的是帮助大学生形成均衡的知识结构，弥补或者减少学生因为专业学习时可能带来的在知识、能力、思维和方法上的局限，以求全面看待和理解人类社会及自然界。

（二）启发式教学

人文素养教育培养的是能独立行动、独立思考的人。人文教育的方式应该是启发式而非灌输式的。孔子是最早提出启发式教学的人，"夫子循循然善诱人"（《论语·子罕》）。"不愤不启，不悱不发，举一隅，不以三隅反，则不复也"（《论语·述而》），意思是，孔子说："不到他努力想弄明白而不得的程度不要去开导他，不到他心里明白却不能完善表达出来的程度不要去启发他。如果他不能举一反三，就不要再反复地给他举例。"孔子坚持，好的教学关键在于怎样启发学生自主去思考和琢磨，要做到这一点，就必须坚持一个原则：不要轻易地把答案告诉学生，也不要过多地替学生思考，更不要给学生灌输标准答案。值得今天的老师在教学中思考和借鉴的。我们要将学生放在学习过程的中心位置，教师在必要时，给予指导和关注，在师生双方共同的交互中碰撞出思想的火花。

（三）课内外活动的互动

课堂教育并不仅仅是 45 分钟之内的教育，它需要课外的准备、消化和补充。我们可以把课程体系外的研究型学习实践活动看作是课堂教育的前奏或末章。这些活动不占用正常的课堂学习时间，多以课题小组、实验学习、集中项目、专题研究等模式开展，对学生的参与程度、合作程度、研究能力等要求较高，因而，能与课内教育有效结合，以满足学生个性发展、创造力培养、合作精神的养成等。

二、第二课堂——社会实践

高校实践育人的理念得到进一步强化。坚持教育与生产劳动和社会实践相结合，是党的教育方针的重要内容。坚持理论学习、创新思维与社会实践相统一，坚持向实践学习、向人民群众学习，是大学生成才的必由之路。进一步加强高校实践育人工作，对于不断增强学生服务国家、服务人民的社会责任感、勇于探索的创新精神、善于解决问题的实践能力，具有不可替代的重要作用。

社会实践的深化关键是要解决大学生社会实践活动而具备的主要问题：如何从理论上界定大学生社会实践活动的基本功能，及其在高等教育乃至整个社会经济政治文化发展中的地位和作用，为大学生活动提供系统的指导；如何直接打通高校与地方联系的畅通渠道，建立直接、便捷、稳固的协作关系，为大学生社会实践提供广泛而有力的组织、协调和指导；如何拓展大学生社会实践的形式、内容渠道，以满足不同层次、不同学生的需要及社会需求；如何建立服务师生的社会实践的实体运作机制；如何巩固、发展、建设大学生活动基地，开发利用基地的资源功能，如何调动学生、教师、接受单位等各方面的积极性，建立有效的动力、激励机制，等等。

（一）建立健全社会实践的运行机制

目前，我国的大学生实践活动呈现出越来越社会化的趋势。这里所讲的社会化，包含两个方面的意思：一方面指大学生实践活动已逐渐发展成为社会、学校、学生共同参与的一项社会系统工程，在这个系统工程中，大学生社会实践活动不再是教育部门或者学校的事情，而成为能够充分调动一切社会力量的社会性工作。大学生活动越来越从学校、学生的单向行为转变为社会多角多边的互动行为。另一方面是指大学生社会实践活动越来越成为学生个人社会化发展的重要因素，拓展了大学生的生活空间，丰富了大学生社会化的内容与途径，符合大学生成长与发展的需要。另外，由于社会对大学生素养要求越来越高，大学生就业压力增加，使得大学生参加社会实践活动的主动性和自觉性增强。作为学校，要积极牵线政府与企业，共同合作，把生产第一线的课题带到学校中，以招标的方式放手让学生去完成，也可以在校内设立"创业园"，既可以鼓励创新精神强的学生自办企业，也可以吸引企业学校内合作，把学校的"创业园"作为生产前线的模拟现场。

（二）加强实践活动主题策划

万事开头难，在大学生社会实践活动中，提出一个选题或主题是最困难的步骤，但良好的主题又是活动成功的一半。选定主题意味着指出了实践活动的方向和内容。许多高校的经验表明，给大学生活动确定鲜明的主题，使学生围绕教育主题开展丰富多彩的自我教育，是明确引导、把握方向的成功之处。教育主题的选取，应注意既有深刻的含义又具有鲜明的时代特色，贴近学生的思想实际，简明便于记忆。主题的基本要求是明确，较高要求是创新。明确的主题有利于活动有的放矢，而创新的主题能使活动脱颖而出，取得更大的效益。

（三）安排合适的指导教师

有无指导教师，以及指导教师对社会实践活动过程的参与程度。直接影响到活动的成果。社会实践活动的策划者要充分利用教师的资源，在活动策划的前期、中期和后期都积极取得相关教师的支持和指导。指导教师的选择面比较灵活，可以是专业教师，可以是思政教师或者辅导员，也可以是学生社团的辅导老师，重要的是教师要有指导的热情和参与的积极性。在指导教师中，领队老师的作用特别重要，领队老师不仅能在社会实践中起到带领团队、指导实践活动的作用，还能及时、妥善地处理团队内突发事件、协调好与接待单位的关系，在和学生同甘共苦中进行教师人格熏陶。等等，因此，许多高校都在社会实践活动评奖中专门设立了优秀领队教师奖，以表彰付出辛勤劳动的领队教师。要改变指导教师指导不力的现状，需要从以下方面改进：把教师指导大学生活动纳入学校整体教学计划，既要鼓励教师自觉地指导学生社会实践，又要有相应的制度保证教师必须参加学生活动的指导；帮助教师进一步明确大学生活动对培养人才的重要作用的，提高其参加大学生活动的积极性；充分发挥教师的专业特长，把大学生活动和教师的教学科研内容结合起来，提高其兴趣；把教师指导和参加大学生活动计入工作量，采取倾斜政策；把学生活动成果的取得和指导教师的考核挂钩。

（四）扩大社会影响力

大学生活动产生的影响在一定程度上能够反映活动成功的程度。一般来说，构思巧妙新颖、内容丰富充实、准备充分且符合实际的大学生活动能够收到较好效果，产生较大影响。

三、第三课堂——网络虚拟课堂

（一）认知把握"网络之真"与"网络之善"

"网络之真"与"网络之善"在于其基本精神，即自由、平等、资源共享等。互联网本是一个推崇开放的世界，包容了多种文化元素，吸引了全世界人的眼球。它的出现让人们有可能更方便自由地了解想要了解的资讯，最大限度地延伸自己的眼界和生存空间。这一切如果没有诚信作为基础是无法达到的,网为网络所体现的是无边的、开放的、变化的、分工却又相互协作的关系。自由、平等和真诚的交流是网络的正精神,只有用这样的精神作为指导,才可能使对话沟通成为可能,才能最大限度地解放人的精神世界,才能创造出新的思想和新的思路。大学生只有做到对"网络之真"和"网络之善"的准确认知与把握,才能形成对网络社会的责任感,才会自觉地共建和维护现实社会的"真"和"善"。

(二)指导网络中的观念和行为

美国著名社会学家曼纽尔·卡斯泰尔说,信息技术的发展使得"地域性解体脱离了文化、历史、地理的意义,重新整合进功能性的网络或意向拼贴之中,导致流动空间取代了地方空间。当过去、现在与未来都可以在同一则信息里被预先设定而彼此互动时,时间也在这个新沟通系统里被消除了。"其结果,"流动的空间"与"无时间的时间"正在成为新文化的物质基础。网络上的意识形态摆脱了种族、国家或社会的界限,外来文化的精华与本土优秀传统文化的创造力在这里碰撞,并以多样复杂的方式结合在一起,应当怎样去面对?怎样进行消化、吸收?网络中哪些信息能陶冶我们的思想和情操?哪些信息是健康有价值的?哪些是虚假不可信甚至是陷阱?应当怎样辨别、剔除糟粕取其精华、去伪存真?当代大学生无法回避这个问题,需要在网络人文素养教育中加以重视和引导。

(三)培养大学生的网络道德

网上活动以及人们的道德和文化素养难以跟上数字化的发展。网络的虚拟性使网络社会中的道德具有非控性、开放性、自主性、多元性,现实生活中的传统道德准则无法约束网上的言行,易导致大学生网络道德意识低下,也将对大学生的传统道德观念及日常行为产生较大的负面影响。所以，高校网络人文素养教育应阐述传统道德与网络道德的关系，明确网络道德是传统道德的发展和延伸。每一次网络言行都是在营造新的网络文化，因为既然网络和现实生活有关，所以网络本身所具有的人文精神，就一定会与现实生活的某种方式有联系，数字化时代的到来和数字化所能提供的生活方式，都不能独立于现实生活。网络既然是高度发达的文明社会的产物，它就必须有文明发展的规则。要通过网络人文素养教育，使高尚的网络道德行为准则深入人心，以指导大学生文明上网。

（四）加强对大学生网络心理的疏导

网络给大学生带来积极影响的同时，也可能对其生活方式、心理行为产生负面的影响。因过度使用网络而导致诸如情绪障碍、社会适应不良等心理行为问题，日益增多，引起了社会的广泛关注。保持健康的网络心理，已成为大学生心理问题的一个焦点，也是高等教育工作者所面临的新课题。所以高校网络人文素养教育，必须重视网络对大学生心理发展与健康的影响，适当干预网络性心理障碍，破解网络性心理障碍的成因、危害，研究解决如何预防网络心理问题等。

（五）加强大学生的网络法律观念

尽管网络是虚拟空间，但其中的任何行为都是实在的，丝毫没有脱离人类社会，只是具体行为方式发生了改变。因此，网络上的任何情形必然受到现实中的法律约束。网络法律问题产生于网络的应用之中，大学生在网络上也应有法律意识。

第四章 高职院校大学生职业素养培育

作为高职学生，我们必须考虑如何才能较为顺利地进入职场、如何在职场上站稳脚跟继而在事业上取得成就，也必须考虑个人的职业生涯如何发展、个人的事业如何发展。解决问题的核心就是，我们要客观地认识自我、不断提升自我，要努力地训练和提高职业素质，从而为走进职场、立足职场、成就事业打下坚实的基础。

第一节 职业素质构成及职业素质要求

一、职业素质的内涵

由"职业"和"素质"组成的职业素质，简单说，是指满足职业生涯需要的一种特定素质。严格意义上说，职业素质是指劳动者从事某种职业所需要的知识技能基础，主要表现在职业兴趣、职业能力、职业个性及职业情绪等方面。对于应届毕业生而言，其显性素质方面还不错，但在隐性素质方面由于缺乏实践经验，也是很多毕业生有意无意忽略的东西。

影响和制约职业素质的因素很多，主要包括：受教育程度、实践经验、社会环境、工作经历以及自身的一些基本情况（如身体状况等）。一般说来，劳动者能否顺利就业并取得成就，在很大程度上取决于本人的职业素质。职业素质越高的人，获得成功的机会就越多。

由于职业是人生意义和价值的根本所在，职业生涯既是人生历程中的主体部分，又是最具价值的部分。因此，职业素质是素质的主体和核心，囊括了素质的各个类型，只是侧重点不同而已。职业素质是人才选用的第一标准，是职场制胜、事业成功的第一法宝。

二、职业素质特征

职业素质是劳动者在一定的生理和心理条件的基础上，通过教育培训、职业实践和自我修养等途径而形成和发展起来的、在职业活动中起决定作用的、内在的、相对稳定的基本品质。因此，职业素质具有职业性、稳定性、内在性、整体性和发展性等特征。

（一）职业性

不同的职业，对职业素质要求不同。对建筑工人的素质要求，不同于对护士职业的素质要求；对商业服务人员的素质要求，不同于对教师职业的素质要求。

（二）稳定性

职业素质是经过较长时间的教育培训，以及在长期从业实践锻炼中日积月累形成的。它一旦形成，便具有相对稳定性，在各种不同的场合中显示出较为一致的品格。这种稳定性是从业者做好本职工作的基本条件和保证。

教师，经过三五年的教学生涯，就逐渐形成了怎样备课、怎样讲课、怎样热爱自己的学生、怎样为人师表等一系列的教师职业素质，并保持相对的稳定。当然，随着他继续学习、工作和环境的影响，这种素质还会继续提高。

(三)内在性

职业素质是一个人接受知识、技术、技能的教育和培养,并通过实践磨炼后的内化、积淀和升华的结果。从业者在长期的职业活动中,经过学习、认知和亲身体验,形成能做什么(知识、技能)、想做什么(自我认识、角色定位)和怎么做(价值取向、态度、信念)的认知,并有意识地内化、积淀和升华,这一心理品质就是职业素质的内在性。

(四)整体性

从业者的职业素质是和他整体素质有关的。我们说某某同志职业素质好,不仅指他的思想政治素质、职业道德素质好,还包括他的科学文化素质、专业技能素质好,甚至还包括身体心理素质好。一个从业者,虽然思想道德素质好,但如果科学文化素质、专业技能素质差,也不能说这个人整体素质好。相反,一个从业者科学文化素质、专业技能素质都不错,但思想道德素质比较差,同样,我们也不能说这个人整体素质好。所以,职业素质很重要的一个特点就是整体性。

(五)发展性

随着社会经济和科学技术的发展,社会职业和职业岗位也在发展变化,这种变化对从业者提出新的职业素质要求。因此,从业者要不断地培养提高自己的素质,以适应社会发展的需要。所以,素质具有发展性。

三、职业素质构成

职业素质是劳动者对社会职业了解与适应能力的一种综合体现,主要表现在职业兴趣、职业能力、职业个性及职业情况等方面。职业素质的构成包括多个方面，主要包括：职业道德素质、科学文化素质、职业技能素质、心理健康素质等。

（一）职业道德素质

职业道德是大学生的内在素质，反映了一个人的品德和品质，是大学生的一个"软实力"，是被用人单位十分看重的一种关键素质，也是大学生必须拥有的素质。求职择业是一场"优胜劣汰"的竞争，大学生要想在千军万马中突出重围，必须高度重视职业道德素质的培养和锻炼。

1.职业道德的内涵、作用

（1）职业道德的内涵。所谓职业道德是指在一定的社会经济关系中，从事一定职业的人们在职业活动中应遵循的道德原则、规范，以及与之相适应的道德观念、道德情操相道德品质的总和。职业道德是劳动者在职业活动过程中，应该遵循的特定的职业理想和行为准则，也体现了本职业对社会所承担的道德责任和道德义务。每一个劳动者都应该自觉遵守和忠实地履行自己应承担的责任和义务，只有这样，社会职业活动才能有正常的秩序，社会才能发展进步。

职业道德包括职业道德规则、职业道德意识和职业道德行为三个层面。职业道德规则是指约定俗成或者明文规定的职业标准和行为准绳，由职业道德原则和职业道德规范组成，两者相互联系、有机结合，共同对职业关系和职业行为起着指导和调节作用。职业道德意识是指社会或个人对职业道德的认识、情感、信念等心理和思想状态，包括职业道德心理和职业道德思想两个方面。职业道德行为是指能以一定的善恶标准进行评价的职业行为，一般包括行业职业道德行为和个体职业道德行为等。

（2）职业道德的作用。职业道德是立业之本，职业道德在调整个人与他人、个人与集体之间的职业道德关系中，起着特殊的积极的社会作用。

第一，职业道德是推动社会发展和进步的重要精神力量。职业道德是社会道德的重要组成部分，它是推动社会发展和进步的重要精神力量。社会的经济发展和人类文明进步是需要各行各业分工协作，以及全社会的劳动者的努力工作才能完成的。职业道德分为两个层面：一是社会不同行业不同职业都有自己的职业道德规范，这是静态的；二是要求每个劳动者必须具备一定的职业道德素质，这是动态的。社会任何行业，任何职业都需要从业者具有职业责任感和义务感，具备一定的职业道德水准。

第二，职业道德能够促进劳动者自我完善。职业活动是人类社会生活中最普遍、最基本的活动，人生有近半时间是在职业生活中度过的。一个人的知识素养、劳动技能、道德品质的提高，离不开职业实践活动。人们从事的任何符合社会规范的职业活动，都是既为社会、为人民服务，也是为了个体的自我完善和全面发展。

第三，职业道德能够促进社会生活的和谐稳定。社会每一种职业，每一项工作都与社会生活相联系，都是社会生活的组成部分。如果从事各种职业的人们都能讲求职业道德，都能够自觉地按照社会职业道德规范的要求去处理各种职业关系，正确行使职业权利，认真履行职业义务，各行各业的从业者都能够普遍遵守职业道德，整体社会道德水平就能大大提升。这样就能形成良好的社会风气，呈现"我为人人，人人为我"的新型人际关系，有利于社会生活的和谐稳定，促进社会各行各业的健康发展。

2. 职业道德的基本内容

由于社会各行各业的职业活动内容和职业特征不同，对职业道德的要求、标准和内容不尽相同，但各种不同职业的职业道德都有着共同的基本内容。

（1）爱岗敬业。爱岗敬业是职业道德的基础，是社会主义职业道德倡导的首要规范,是对从业者工作态度的一种普遍要求。爱岗就是热爱本职工作,以正确的态度对待工作并勤奋高效地做好本职工作;敬业是指从业者对待工作尽职尽责、兢兢业业的行为。

爱岗和敬业,两者相互联络、相互促进。爱岗是敬业的前提,没有从业人员对所从事工作的热爱,就不可能自觉做到忠于职守;敬业是爱岗的升华,只有树立一丝不苟、踏踏实实的工作作风,才能认真履行工作职责,实现职业理想。

(2)诚实守信。诚实守信就是从业者在履行职责时要诚实劳动、讲求信誉。诚实劳动是指在职业活动中,应以脚踏实地的态度进行忘我的劳动和工作;讲求信誉是指劳动者在职业活动中,遵守承诺、讲究信用,忠实地履行自己承担的职责和义务。

诚实守信是职业道德的精髓,也是一个人做人的基本准则。诚实守信是做人之本,立足之本。对一个人来说,诚实守信既是一种道德品质和道德信念,也是每个公民的道德责任,更是一种崇高的"人格力量",一种"软实力"。

(3)办事公道。办事公道是指从业人员在处理职业事务、职业活动过程中,要做到客观公正、公平公开,公私分明。一些人认为办事公道只适合领导干部、公职人员,这是对办事公道的一种曲解。办事公道作为职业道德的一项重要内容,是所有从业者都应该具备的。

办事公道,就是做事要讲原则,无论对人对己都要坚持实事求是,出于公心,不挟私欲,严格按道德规范来处事待人。办事公道是社会主义职业道德的重要规范,是市场经济良性运行的有效保证,在市场经济运行中,更应要求所有从业者处事公平、办事公道,这有助于社会文明程度的提高。

(4)服务群众。服务群众是指不管从事何种职业,身处什么岗位或地位,都要一切从人民的利益出发,为广大人民群众竭诚服务。服务群众是社会主义职业道德的核心价值观，也是为公众服务这一职业道德核心，在职业生活中的具体化，是每个职业劳动者职业道德的基本规范。服务群众就要"倾听群众呼声，体察群众困难，尊重群众意愿，解除群众忧虑，满足群众需要"。要求从业者必须树立服务理念，端正服务态度，改善服务环境，提高服务技能，保证服务质量。

（5）奉献社会。奉献社会是指从业人员要把全部智慧和力量投入到为社会、为集体、为他人的服务之中去。奉献社会是社会主义职业道德的出发点和归宿，也是社会主义职业道德中最高层次的要求，体现了社会主义职业道德的最高目标指向。

倡导奉献社会的社会主义职业道德观念，有助于培养人们的社会责任感和无私精神，有助于人们养成奉献社会、平等互助的良好道德风尚。

3. 大学生职业道德的修养

随着社会主义市场经济体制的建立、健全和人事劳动就业制度改革的深化，以及人才市场的日趋完善，我国大学生就业已经进入了"双向选择""自主择业"的崭新时代，大学生不但成为就业过程中的主角，还拥有了选择职业的自主权、主动权，呈现出"海阔凭鱼跃，天高任鸟飞"景象。

加强大学生职业道德修养，用社会主义职业道德来约束和引导大学生就业行为，对提升大学生整体道德素质和水平，为个体完善和全面发展，促进大学生就业具有重大意义。

职业道德修养体现在一个人的世界观、人生观、价值观及择业观上，体现在一个人的日常生活和社会交往上，体现在一个人的一言一行和实际行动上。大学生职业道德素质修养的主要内容如下：

（1）要认真学习和掌握职业道德理论。职业道德的修养是一种自律行为，主要取决于主观努力，高度的自觉性是职业道德修养的一个内在要求和重要特征。而主观努力关键在于"自我学习""自我改造"和"自我锻炼",也就是学、思、行三个环节。"自我学习"是指大学生通过专门学习,深刻理解社会和职业对职业道德的要求,树立职业道德修养标准。"自我改造"是指大学生要对社会职业道德现状进行思索,与自我消极思想做斗争,确立自己的职业道德观念。"自我锻炼"是指大学生实践自己的职业道德修养,通过实践行动实现崇高的职业理想。

(2)要树立诚实守信的职业道德基本准则。诚实守信是做人之本,也是大学生社会立足之本。"无诚业难立,无信事难成"。诚信是大学生全面发展的助推器,只有以诚实守信为重点,加强道德修养、诚心做事、诚实做人、言行一致、表里如一,才能不断提高思想道德素质、科学文化素质和健康素质,实现全面发展。要切实加强诚信教育,不断增强大学生的法律意识和守信意识,提高大学生守法守规的自觉性,认识到诚实守信的品德是立身之本、做人之道。

(3)要树立敬业、乐业的职业道德意识。市场经济对大学生素质提出了更高的要求,没有良好的职业道德素质,难以适应社会发展的需要。大学生思想品德教育中经常提到的,表里如一、言行一致、知行统一,既是大学生思想道德修养的重要原则和方法,也是大学生做人的基本准则。大学生要成功在社会立足,成功立业,就必须树立敬业、乐业的职业道德意识。首先,要树立敬业意识。敬业就是专心致力于工作,我国思想政治家朱熹指出,敬业者,专心致志以事其业也。敬业是一种责任感,是一种认真负责的态度,也是做好本职工作的前提和保障。其次,要树立乐业意识。干一行,爱一行。只有乐业,人才能从职业工作中得到精神享受。孔子说:"知之者不如好知者,好知者不如乐知者。"人生能从职业活动中领略出趣味,生活和生命才有价值和意义。

（4）要培养吃苦耐劳、奉献社会的意识。吃苦耐劳是中华民族的传统美德，也是职业活动的基本要求。甘于吃苦是大学生由学生角色转换为职业角色的重要条件。只有甘于吃苦，才能适应工作，才能"干一行、爱一行、专一行"，才能被社会承认和认可。

职业活动不但具有谋生性的特征，还具有贡献性的特性。社会主义市场经济条件下，社会生活中出现的拜金主义思潮，对大学生奉献社会的观念冲击很大。这要求大学生必须树立主人翁的社会意识，增强社会责任感，培育无私奉献的精神，任劳任怨，不计个人得失。这样不但能够形成良好的职业道德素质，还为大学生立足社会奠定良好的基础。

4.加强职业道德修养的方法

加强职业道德修养，除了必须有强烈的愿望和自觉性，积极去实践之外，还应采取一些行之有效的方式方法。我同有五千多年的文明史，道德资源举世无双，伟大的思想家孔子的"博学之，审问之，慎思之，明辨之，笃行之"就是讲述了道德修养的方法。大学生可以借鉴历史上思想家们提出的各种积极有效的道德修养方法，结合当今社会发展的需要和实践经验，努力锤炼个人的职业道德品德。

（1）学思并重的方法。这种方法主要是通过虚心学习，认真思考，从而明辨善恶，学善戒恶，以形成良好的德行。"学思并重"是孔子首倡的一种观点，他认为学与思是修养过程中的两个基本环节，学和思是互相依存的关系，两者相辅相成。他指出"学而不思则罔，思而不学则殆"。只学习却不思考，就会迷茫；只思考却不学习，就会精神疲倦而无所得。孔子关于学思结合的精辟见解，对后来的道德修养理论和实践，产生了深刻的影响。

（2）省察克治的方法。这种方法主要是通过自我反省来发现和找出思想和行为中的不良倾向、坏的念头，并加以抑制和克服。所谓"省察"，就是通过反省检查，以发现和找出自己思想和行为中的不良倾向、坏的念头、毛病和习惯；所谓"克治"，就是克服和整治，去掉发现的那些不良倾向，坏的念头、毛病和习惯。明代思想家王守仁提出"省察克治"的理论，他认为道德修养首先是反省思诚，识得病根所在，接着要做到克服和改掉这些不良倾向、习惯。

（3）慎独自律的方法。这种方法是指在没有外在监督的情形下，坚守自己的道德信念，自觉按照道德要求行事，不因为无人监督而为所欲为。孟子说"君子慎独"，就是说，具有良好道德修养的人，在任何时候，都能够严格要求自己，都能够得到大家的称赞。慎独是儒家对个人内心深处比较隐蔽的意识、情绪进行管理和自律的一种修养方法。慎独要求不欺人、不自欺，从外在的言行到内心的思想活动都要自我约束。

（4）积善成德的方法。这种方法是通过不断积累"善行"或"美德"，使之巩固强化，以逐渐凝结成优良的品德。荀子提出了"积善成德，而神明自得"的理论。他认为道德修养并非一日之功，成性成德不可一蹴而就，但也不是高不可攀、遥不可及的，关键在于积累。用积善成德、友贤成德、责己成善等道德修养方法，培养社会责任感和爱人乐群的精神是一种积极的方法。

（5）知行统一的方法。这种方法是将提高道德认识与躬行道德实践统一起来，以促进道德要求内化为自己的道德品质，外化为实际的道德行为。想得再好，说得再美，没有实际行动，只是纸上谈兵。作为道德修养方法，知行统一强调道德认识与道德实践二者是辩证统一的关系。孔子说"言忠信，行笃敬"，"君子耻其言而过其行"。一个有道德的人，必须理解行为所应遵循的行为准则，更必须在生活上遵循这些准则，做到知行统一。知行相互为用，共同促进着道德人格的完善。

（二）科学文化素质

1. 科学文化素质是求职立业的必要准备

科学文化素质是从事职业活动的需要，是掌握专业技能的基础。科学文化知识越丰富，对技术、技能形成的指导性越强，在实践中就能少走弯路，减少摸索的时间，提高工作效率。社会发展日新月异，信息时代瞬息万变。为了适应不断变化的新形势对就业者素质和能力的要求，我们只有学习和掌握一定的科学文化知识，为求职立业做好必要的知识准备，才能适应未来的职业要求。

2. 提高科学文化素质的途径

（1）认真学好文化课是提高科学文化素质的基础。现代职业教育是以培养适应社会主义现代化建设所需要的初、中级技术人员和管理人员为目标的，而学习和掌握一定的职业技能必须以一定的科学文化知识为前提，因此，只有认真学好文化基础知识，才能为今后的学习打好基础。

（2）培养自觉学习的习惯是提高科学文化素质的关键。青少年时期是在学校接受教育的黄金时代。学生在教师的指导、帮助、督促下，进行系统的学习，逐步掌握了一定的文化知识，然而，要很好地进行学习，关键是要培养自觉学习的习惯；要培养自觉学习的习惯，必须明确学习目的，提高学习自觉性。学习是有目的、有计划和讲究方法的活动，其首要的特征便是学习的目的性。学习无目的或目的不明确，是导致学习困难或厌学的重要因素之一。因此，必须明确学习目的，正确认识学习的社会意义，把学习与社会的建设结合起来，从而形成健康的学习动机，培养正确的学习态度，提高学习的自觉性。

（3）具有科学的学习方法是提高科学文化素质的重要途径。现代社会的重要特征之一就是"知识激增"，科学知识总量每过3—5年，就会翻一番。

即使一个人整天24小时不停地学习,也无法穷尽某一学科的知识领域。可见,除勤奋外,科学的方法至关重要。因此,我们应掌握科学合理的学习方法,掌握学习的主动权,逐步提高文化和专业知识素质。

(4)培养自学能力、不断拓宽知识面是提高科学文化素质的重要内容。21世纪是一个信息技术、生物技术、新材料技术、新能源技术、空间技术和海洋开发技术发展的全新时代,这是迄今为止科技发展和社会发展史上规模最大、发展最快、影响最深的科技革命。由于知识更新加快,在学校所学的知识已远不能适应社会、经济发展的需要,因此,应注意培养自学能力,根据自己工作的需要,在实践中不断学习先进的文化专业知识,拓宽知识面。知识丰富了,可以触类旁通,左右逢源,提高文化专业知识素质,适应形势发展的需要。

(三)专业技术素质

1. 专业技术素质的含义

专业技术素质是指任职者从事某种专门职业所必须具备的智力技能和操作技能。智力技能是指借助于言语在头脑中进行的智力活动的方式,如阅读、心算、解题、作文等方面的技能;所谓操作技能,又叫动作技能,指书写、打字、演奏乐器、使用生产工具等,主要是借助骨骼、肌肉运动实现的一系列外部动作。动作技能与智力技能统一存在于实践活动中,两者既有区别,又有联系,并可相互转化。

掌握专业技术,是就业的基本条件。对大学生来说,如果动手能力不强,只掌握专业理论知识,就等于纸上谈兵,是不能胜任工作岗位的。随着市场经济的发展、竞争的进一步激烈,只有理论知识,而无实际动手能力的人将被淘汰。

掌握专业技术，也是开发智力、培养能力，在本岗位上做贡献的需要。俗话说："心灵手巧"，然而，大量的事实证明，手巧也可使心灵。专业技术的形成不仅是领会、巩固和应用知识的重要条件，而且对于学生智能的发展，特别是职业活动中所需的独立工作能力和创造力的发展，具有极大的促进作用。专业技术在一定程度上，决定了就业者在本岗位做出贡献的程度。因此，要使自己能在职业活动中为社会做出更大的贡献，就必须掌握一定的专业技术。

2. 提高专业技术素质的途径

（1）理论联系实际，积极参加实习、实验社会实践活动。要掌握专业技术技能，一方面应该认真学习专业技术理论知识，做到"应知"；同时，必须加强专业技术技能的训练，做到"应会"；最终，"手脑并用，合二为一"。如何把学到的专业技术理论转化为技能技巧，关键在于理论联系实际，积极参加实习、实验和社会实践等实践活动。要多动手、勤操作，不放过任何动手机会，将技术理论变成实际动手能力，在实践中锻炼自己，不断提高自己的专业技能，进一步培养生产和工作能力。

（2）勤学苦练，精益求精，向一专多能方向发展。学习和掌握现代科学技术不是一件轻而易举的事情。在科学上没有平坦的大道，只有不畏劳苦沿着陡峭山路攀登的人，才有希望达到光辉的顶点。要掌握高超的技术，掌握过硬的本领，必须有谦虚好学、刻苦钻研的精神，必须通过艰苦的劳动，勤学苦练，掌握本专业技能，精益求精，努力向一专多能型方向发展。能否做到这一点，是衡量一个人事业心强弱的重要尺度，也是衡量一个人职业素质高低的重要标志。

（3）取长补短，向有经验的人学习。由于科学技术发展迅速，新工艺、新技术层出不穷，更新快，因此，学习和掌握知识的过程是没有止境的。在刻苦学习的同时，应不断吸收国内外的先进技术和经验，取长补短，不断提高、完善自己。为了做好本职工作，要尊重同行，虚心请教，互相切磋，潜心钻研，使自己成为行业的技术能手，不断攀登技术高峰。

国力的强弱，经济发展后劲的大小，越来越取决于劳动者的素质。因此，劳动者的素质是关系到一个国家在未来世界的竞争中立于不败之地的大问题。青年人是祖国的未来，建设富强、民主、文明的社会主义祖国的重担历史地落在他们肩上。他们不仅要有丰富的科学文化知识，还应掌握过硬的专业技术技能，以迎接世界技术革命的挑战，在工作岗位上大有作为。

（四）心理健康素质

1. 心理素质与大学生就业

大学生是否具有健康的心理素质，不仅对他们的求职就业有直接影响，而且对大学生的职业发展、人生发展都有着不容忽视的影响。充分认识大学生就业心理健康的重要意义，有助于大学生培养良好就业心理、预防不良就业心理、调整就业观念、积极面对就业。

（1）大学生就业心理与大学生的求职择业。就业环节是大学生完成学业后的实践阶段，大学生的综合素质、各项能力在这个环节集中展现出来，构成大学生职业素质与职业能力的基本内容。在这个环节，用人单位不仅看重大学生的专业学习水平与实践能力，对大学生的职业道德、职业理念也非常重视、对大学生求职面试中的一言一行都给予关注，这些观念与行为都和大学生的就业心理状况密切相关。

大学生的就业心理健康和求职择业息息相关。健康的就业心理是促进大学生顺利就业和成功就业的保障。健康的就业心理状态下，大学生能够客观地分析个人现实和职业现实，树立科学的人生观和价值观，形成合理的就业观和职业观，更能够经受困难和挫折，在市场竞争中始终勇往直前，积累经验教训，赢得就业机会，获得就业岗位；相反，不良的就业心理状态下，大学生或盲目就业、或犹豫不定、或这山望着那山高、或消极等待机遇出现。

青年大学生要立足社会需求、立足职业发展，充分利用大学期间的理论学习、社会实践、科学研究、实习活动，等等，主动培养健康的心理素质，积极主动地应对就业问题，迎接社会挑战。

（2）大学生就业心理与大学生的职业发展。就业心理和职业发展互为依托、互为补充。一方面，诸多不良就业心理的形成，多是由于个人定位、职业定位方面的问题而引起的，而这些正是职业发展方面的基础技能。通过职业规划，能够帮助完成个人职业素质的分析、完成社会对职业的调查和个人职业目标的定位，以此为基础的就业观念的形成，就有了更加科学的依据，就能够以良好的心理状态对待就业。

另一方面，拥有健康的就业心理，更是大学生科学规划职业生涯、获得良好职业发展的基础。在进行职业规划阶段，良好的心理状态是完成设计、实施训练的保障，影响职业规划的实施是否具有主动性、积极性、针对性、科学性，而不良心理状态会造成态度、深度、准确度方面的很多失误。

因此，从大学生活开始之时，就要注意健康心理的养成，从职业规划开始之时，就要注意健康心理的维护，在职业目标的选择时，注意预防和调试不良就业心理，在职业发展的各个阶段都要注意培养和发展健康的就业心理，这样的职业人生才会更加辉煌

（3）大学生就业心理与大学生的成长成才。就业，对于大学生的人生发展来讲有着重大意义。这个阶段由于受到"就业"这一事件的刺激，个体在

心理和行为上有所波动是正常的，是符合人的心理发展特点的。但是，如果忽视健康就业心理的培养与锻炼、忽视不良就业心理的预防与调适，将会由于求职择业和职业发展的失败形成不良心理，加剧心理问题，导致个人心理素质的滑坡，影响个人整体的成长成才。

大学生的成长成才是依托综合素质的发展存在的。就业心理是大学生整体心理素质的重要组成部分，也是大学生心理素质在就业问题上的具体体现。就业心理素质是大学生心理素质的有机成分，从而成为大学生综合素质的有机组成，成为大学生综合素质在就业过程中的表现途径和表现形式之一。通过这个途径，检验了大学生是否具备良好的心理素质，是否能够拥有良好的工作状态，是否能够胜任职业角色，是否能够为社会创造价值。因此，只有拥有健康的就业心理素质，才能真正地在社会发展与个人发展的有机结合中成长成才。

2.大学生如何具备良好的就业心理素质

只有正视就业压力，大学生才会积极行动起来，产生求胜的心理和行动。适度的心理焦虑能够使大学生产生压力，这种压力可以变成动力，它是对大学生惰性的进攻，可增强大学生的进取心。但是，如果心理过度焦躁、不安，又不能在一定时间内调整这些情绪，这些情绪就会成为心理障碍或者心理疾病，会严重影响大学生主观能动性的发挥，甚至会埋没大学生的潜能，给就业带来额外的困难。

（1）转变就业观念，调适就业心态。观念是行动的先导。大学生要改变错误、狭隘的自我认知和社会认知，加强自我理解与分析能力的培养，以平常心面对就业形势，保持冷静的思维来进行生活中所谓重大的抉择；要孕育真、善、美的感受，持有良好心境，构筑完善情绪情感；要排除不满、愤懑、嫉妒、焦虑、恐惧等负性情感对正常思维、决策的干扰；要打破传统意义上的就业"一锤定终生"的陈旧就业观念，建立新型的就业观，强化择业的自主意识，树立正确的就业观。观念决定行动，大学生要进行心理调适，克服焦虑心理，关键是要转变就业的思想观念。应届毕业生要打破传统的事事求稳、事事求顺的思想，树立市场竞争的观念。市场经济是竞争经济，我们生活在市场经济社会中，竞争就要伴随一生。应届毕业生求职过程是竞争过程，即使你得到了比较理想的职业，如果缺乏竞争意识，不再继续努力，也会失去这个工作。有竞争就会有风险，确立竞争意识，不怕风险和挫折，焦虑心理就会得到缓解。面对就业焦虑，进行理性思考是基础，根据情况的变化更新自己的思想观念是关键。

（2）把握就业机会，顺利实现就业。就业是大学生人生发展中的重大转折点，是大学生从"自然人"向"社会人"过渡的重要阶段。毕业生择业认知心理是指他们在择业过程中对自己、对职业及其周围社会环境等的认识、了解和择业中对事物的推理与判断。当良好的就业机会到来的时候，大学生若不能很好地把握机会，就会导致丧失就业机会。

（五）其他职业素质

职业素质在从业者的职业活动和职业行为中发挥着重要作用，职业素质是一个结构完整的统一体，除了上述几方面外，还包括其他素质，如图4-1所示。

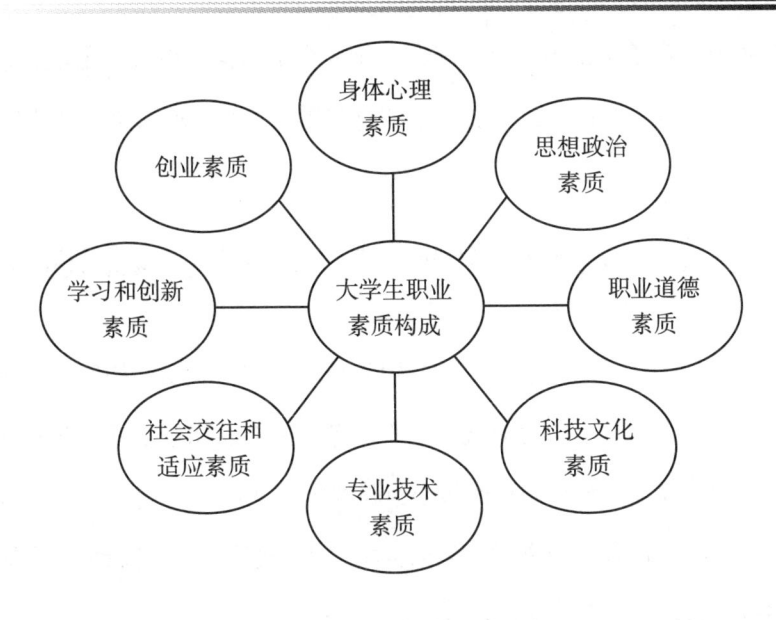

图 4-1 大学生职业素质构成

1. 社会交往和适应素质

社会交往和适应素质主要指从业者所具备的语言表达能力、社会交往能力、社会适应能力和沟通能力等。它是后天培养出的个人能力，是职业素质的核心之一，能侧面反映个人能力。如礼貌用语、文明着装、言行举止，都能体现一个人的职业化程度。

2. 学习和创新素质

学习和创新素质主要指从业者所具备的学习能力、信息能力、创新意识、创新精神和创新能力等。学习和创新是个人价值的另一种形式，能体现个人的发展潜力以及对企业的价值。不善于自我学习的人，很容易被社会淘汰。

3. 创业素质

创业素质主要指从业者所具备的创业意识、创业精神、创业知识与创业能力等。面对日趋严峻的就业形势，大学生只有树立正确的职业理想和择业观念，开发创造性思维，提高多方位的职业转换能力和自主创业能力，才能在社会激烈的竞争中抢占先机。现在，全社会都非常重视大学生创业素质的培养，鼓励大学生利用自己的聪明才智自主创业，并为他人提供就业机会。

第二节 大学生职业素质培养的意义和途径

作为大学生，必须考虑如何才能较为顺利地进入职场、如何在职场上站稳脚跟，继而在事业上取得成就，也必须考虑个人的职业生涯如何发展、个人的事业如何发展。解决问题的核心就是要客观地认识自我、不断提升自我，要努力地训练和提高职业素质，从而为将来走进职场、立足职场、成就事业打下坚实的基础。

一、大学生职业素质培养的意义

一个人职业素质的高低，关系到一生的成就。我们面对工作的态度以及在工作中体现的素质和智慧，是取得成就的最关键因素。因此，大学生全面加强职业素质培养与训练意义重大。

（一）职业素质培养是大学生就业创业的必备条件

随着高等教育由精英教育转向大众教育的进程，大学毕业生人数倍增，用人单位对人才需求的标准也水涨船高，一方面加大了毕业生就业的压力，另一方面又给毕业生提供了难得的机遇和挑战。大学生要想在竞争中夺胜，在机遇中奋起，就必须利用在校期间锻炼职业素质，自觉形成优秀的职业道德品质，追求高尚的职业理想，培养敬业精神和奉献意识，深刻感受到自己肩负的社会责任和使命，树立正确的就业观念和创业理念，才能立于不败之地。

（二）职业素质培养是大学生事业成功的内在支撑

要赢得职业生涯的发展，除了正确地把握时机，做出恰当的职业选择之外，更重要的是具备良好的职业素质。"三百六十行，行行出状元"。只有在大学阶段，打下良好的专业基础，锻炼各方面的能力，培养出良好的职业素质，日后才有机会在行业里崭露头角，赢得职位上的晋升、事业上的发展。所以，职业素质培养也是个人事业成功的关键。

（三）业素质培养是企业赢得市场竞争力的核心

人力资源是形成企业核心能力的重要源泉。随着知识经济时代的到来，员工职业素质对于企业发展的影响越来越大。企业有没有竞争力，关键在于其产品的质量、设计、价格和服务有没有竞争力。而这一切都受制于企业员工素质的高低。企业招聘具有良好职业素质的大学生，有利于优化企业劳动力素质构成，增强企业的创新能力，培育企业的核心竞争力，赢得竞争优势。

（四）职业素质培养是提高国家全民素质的关键

国家兴旺，民族振兴，匹夫有责。在坚决实施科教兴国和人才强国战略中，加强大学生职业素质培养，有助于提高国民整体的素质，使人口大国发展为人才资源强国。

二、大学生职业素质培养的播径

高效团队的发展都需要有一批高素质的成员来支撑，这些高素质的成员不仅要具有高技能，还要具备高品德。因此，大学生必须要有多方学习和培养自己的职业素质的意识。

（一）树立职业理想，重视人生价值的实现

职业理想是人生对未来职业的向往和追求。职业不单纯是谋求生存的手段，更是一生所追求的事业，它蕴涵着人生的理想和信念。大学生的职业理想是人生职业实现的精神支柱，是他们成人、成才、成就人生目标的不竭动力。大学生要正确处理国家、社会和个人之间的关系，树立合理的求职期望值，在学业上奋发进取，锲而不舍地按照职业需要充实、完善自我，才能实现未来人生的职业目标。

由此可见，职业除了谋生的功能外，还具有更为重要的意义，即证明自己的社会存在、实现自我价值。

（二）强化职业意识，养成良好职业习惯

职业意识是对职业活动的认识、评价、情感和态度等心理成分的综合。大学生在进校之前，对所选专业未必有全面的了解，容易存在一定的盲目性；入校后，大学生对未来将要从事的职业认识不深，容易准备不足。因此，大学生要了解专业的职业内涵，专业的发展前景、社会地位及所需知识技能，清楚将来要从事的职业岗位，从而形成初步的职业认识，对未来职业生活产生初步设想。更重要的是养成热爱专业的思想情感、学好专业本领的坚定信心、吃苦耐劳的精神、责任意识和安全生产意识，以及遵守纪律、恪尽职守的职业习惯，成为"准职业人"。

（三）夯实专业基础，努力提高职业能力

大学生择业、就业、创业需要以自身能力和素质为基础，因此，要充分利用大学美好时光，既注重系统的专业知识的学习，较完整地了解和掌握专业领域内的状况，把握未来的职业定位，在此基础上形成良好的职业情感，

还要注重课堂外非专业知识的学习，扩展知识面，开阔视野，锻炼职业能力。机会总是青睐有准备的人，一个人有了真才实学，能够适应多种岗位，才有利于就业，有利于事业成功。

（四）重视职业实践，自觉锤炼职业精神

首先，大学学习虽不是一种职业，但我们可以把大学生活作为一种职业来做，按照职业化的要求，制订计划，加强管理，节约成本，讲究效益；遵守规章制度，遵循道德规范，提高道德修养；勤奋刻苦学习，构建知识结构，锻炼工作能力；强化责任意识，加强团队合作，培育职业精神等。

其次，积极参加校内的实训实践活动，把它当作一种职业训练，在老师的指导下，在模拟的工作环境中，运用理论知识，解决实际问题，锻炼职业能力。

最后，积极利用假期，参加社会实践，多接触社会，多接触职业生活，多积累职业经验，提高职业素质。

第三节　大学生职业意识的训练

职业意识是人们对职业岗位的认同、评价、情感和态度等心理成分的总和，核心是爱岗敬业精神，踏踏实实地做好工作。良好的职业意识可以最大限度地激发人的活力和创造力，是企业赢得顾客与利益的砝码，它不但能成就优秀的员工，而且能成就卓越的企业。大学生要想成为企业的人才，创造辉煌的人生价值，不仅要努力培养过硬的职业能力，还必须努力培养良好的职业意识，并按照职业意识的基本要求进行自我约束。

职业意识是人们对职业的认识、意向，以及对职业所持的主要观点，是

作为职业人所具有的意识,又称作主人翁精神。具体表现为:工作积极认真、有责任感,具有基本的职业道德。

一、职业意识内涵

职业意识,是指从业者在特定的社会条件和职业环境影响下,在教育培养和职业岗位任职实践中,形成的某种与所从事的职业有关的思想和观念,是从业者在职业问题上的心理活动,是自我意识在职业选择领域的表现。而且,职业意识的形成不是偶然的,会经历一个由肤浅趋于深刻、由模糊趋于鲜明、由幻想趋于现实的发展过程。

职业意识既影响个人的就业和择业方向,又影响整个社会的就业状况。职业意识由就业意识和择业意识构成。就业意识指人们对从事的工作和任职角色的看法;择业意识指人们对希望从事的职业的看法。

职业意识是约定俗成、师承父传的,是用法律、法规、行业自律、规章制度、企业条文来体现的。它是每一个从业者从事工作岗位时最基本、也是必须牢记和自我约束的。

二、职业意识构成

职业意识是指一个人对于职业的根本看法和态度,包括职业认知、职业情感、职业意志以及职业行为等。职业意识不仅具有一定的社会性,而且具有行业或企业的相通性。

(一)职业认知

职业认知,简单地说就是对职业的认识,对职员和团体的认识。

1. 职业的内涵

俗话说"三百六十行，行行出状元。"这里的"行"，一是指行业，二是指职业，行业产生于职业，职业存在于行业。那么，什么是职业？

在《中华人民共和国职业分类大典》里，中华人民共和国人力资源和社会保障部明确规定了职业的要素：一是职业名称，它是职业的符号特征；二是工作的对象、内容、劳动方式和场所；三是特定的职业和能力；四是职业所提供的各种报酬；五是在工作中建立的各种人际关系。因此，所谓职业，就是人们为了谋生和发展而从事的相对稳定的、获得相应经济收入或报酬的、专门类别的社会活动，通常又称工作或工作岗位。从事一份职业，实际上是维持生计、承担社会分工角色、发挥个人才能的一种持续进行的社会活动。

职业的产生和发展是同生产力的发展一致的，是随着生产力水平提高和社会分工的发展而产生和发展的。在原始社会，水平低下的生产力还不足以形成职业，只有到了原始社会末期，才逐渐出现手工业和商业，人们在社会中不得不承担一定责任，从事专门的业务，从而形成职业。

随着人类社会、生产力、科学技术的迅猛发展，职业也在不断发展，旧职业逐渐淘汰，新职业不断产生，职业向更专业化、智能化、综合化的方向发展。

2. 职业的特征

（1）经济性。人们从事职业活动的主要动机就是获取一定的经济收入，作为谋生的经济来源。对于大学生来说，大学毕业就意味着具备了独立生存的基本能力，而选择职业、从事职业活动会为新的生活奠定必需的基础，这个基础就是经济收入。

职业的经济性将职业活动和个人出于兴趣爱好或出于某种责任感而从事

的活动区别开来，如集邮、志愿者等。

（2）专门性。职业是社会分工的必然产物和具体表现。每一种职业都有自己特定的活动内容和活动方式，每一个岗位都有相应的知识要求和能力要求。职业的专门性，一方面形成了不同的职业技能，需要人们学习和掌握，才能胜任工作；另一方面形成了不同的职业道德和职业规范，要求人们必须遵守和养成习惯。

（3）社会性。职业是个人与社会相结合的具体方式之一，是一种正式的、稳定的结合方式，是除家庭之外，最重要的社会结合方式。

职业是从业者在特定社会生活环境中所从事的一种与其他社会成员相互关联、相互服务的社会活动。因此，必须建立合作意识、团队意识、组织意识，不能以自我为中心或个人至上。

（4）稳定性。职业一旦形成，便会在一定的生命周期内存在和发展。有些职业存在的历史比较久远，如农业种植活动；有些职业存在的历史则比较短暂，如小货郎；有些职业是新近刚刚形成的，如汽车美容师。

（5）地域性。职业在地域分布上具有相对的地域集中性。如汽车制造业的集团主要分布在长春、上海、广州、重庆、北京、南京等地，相应的也就集中了相关职业和职业群。

职业的地域性反映了地区或地域之间经济与社会发展的不同特征，一般情况下，经济与社会发展水平越高、速度越快的地方，就越能吸引和聚集相关的职业和从业人员。

（6）时代性。随着社会的发展和进步，尤其是科学技术的日益更新，职业活动也变化迅速，除了弃旧更新外，同一种职业的活动内容和方式也发生了变化，所以，职业的划分也带有明显的时代性。

3. 职业与人生

职业与人的一生密切相关，是人安身立命所在。人通过职业生活立足于社会，服务于社会、实现自我。职业可以左右人生，拥有一个适合自己的理想职业，人生就会变得更加充实、美满，人就可以从中获得幸福。

在工作中，除非纯粹机械性的工作，没有人不想表现自己。凡是经过人劳动生产的东西，个人价值也必在里面。这种表现力是与生俱来的，是促使人类做事的原动力。

人需要在工作中寻找其归宿和价值，实现其理想。人必须找到寄托，能够把工作同理想、兴趣、爱好融合起来的人，是幸福的。

（二）职业情感

职业情感，是指人们对所从事的职业所具有的稳定的态度和体验。有强烈职业情感的人，能够从内心产生一种对所从事职业的需求意识和深刻理解，因而，无限热爱自己的职业和岗位。

1. 点燃工作热情

热情，就是一个人保持高度的自觉，把全身的每一个细胞都调动起来，完成内心渴望完成的工作。热情是对人、事、物和信仰的一种强烈情感。内心充满热情，工作时就会振奋，同时，也会鼓舞和带动周围的人提高工作效率，这就是热情的感染力量。任何事业，要想获得成功，首先需要的就是满腔热忱。

除非你不选择任何工作，一旦选择了，你就要对自己的选择负责到底，而热爱自己的选择是一切负责任行动的开始。热爱选择的工作意味着：以高度的工作热情，忘我、全身心地投入到工作中去。

2. 享受工作乐趣

每一份工作都提供了许多成长的机会，这些和薪水相比，其价值要高出千万倍，因为它们能够使你终身受益。

福布斯曾经说过："工作对我们而言究竟是乐趣，还是枯燥乏味的事情，其实全要看自己怎么想，而不是看工作本身。"

仔细想想，工作给我们的回报是什么？多数人回答可能是工资、奖金、福利，其实，在工资单外，还有以下更为重要的东西：认识朋友，改善人际关系；充实自我，开拓生活领域；加强工作技能，提升自身附加价值；肯定自我，享受自我实现的满足感；其他想得到的东西。

一个拥有体会快乐能力的人，不论外在环境状况如何，都能时时感受到轻松与喜悦。所以，快乐工作的动力来自心底，而非建立于外在的收获。

工作不仅仅是谋生的手段，更是人内在的需要，是源自人性深处的一种渴望。不管将来从事什么职业，都应该抱着一种积极乐观的态度对待，其实只要愿意去寻找，总会找到工作中的乐趣，并学会带着兴趣去工作，就可以做得更好，成为一个快乐的工作者。

（三）职业意志

职业意志，是指人们在职业实践中所表现出来的克服困难的毅力和坚持的精神。表现在持之以恒的自觉性和始终如一地忠于职守。从事任何职业都不是轻而易举的事，免不了遇到困难和挫折，只有意志坚强的人，才能经得住考验和锻炼，保证职业活动的正常进行。缺乏意志力，常常经不住困难的考验，很难完成职业使命。

1. 专注与坚持

所谓"专注"，就是集中精力、全神贯注、专心致志。一个专注的人，往往能够把时间、精力和智慧凝聚到要做的事情上，从而最大限度地发挥积极性、主动性和创造性，努力实现目标。

坚持，在现代汉语词典中解释为：坚决保持、维护或进行；坚持是意志力的完美表现。坚持常常是成功的代名词。

2.勇对挫折

挫折是指人们在从事有目的的活动时，由于遇到无法克服或自以为无法克服的障碍或干扰，动机不能实现，需要不能满足时，产生的情绪反应。

社会心理学上指个体在有目的的活动过程中遇到障碍或干扰而产生的心理状态。表现为失望、痛苦、沮丧、不安等。挫折可使意志薄弱者消极、妥协；也可使意志坚强者接受教训，在逆境中奋起。挫折是对勇气的最大考验，检验一个人能否做到败而不馁。

生活中必然会面对困难和挫折，怎样才能使自己坚强呢？

（1）发泄：心中有痛苦，可以选择多种方法发泄，如倾诉、唱歌、旅游等。

（2）信念：坚信信念和生存的精神支柱，坚信自己是好人，比别人强。

（3）责任：看到承担的责任，知道自己被需要。

（4）人生意义：生存本身就是人生意义，生存就有希望。看看自然界的事物，不管在怎样恶劣的困境，都会顽强地生存。

（5）积极情绪：激活正面的积极的情绪，相信自己是坚强的！

（6）相信明天：相信会走出困境、明天会更好。相信时间会医治创伤。

（7）人生舞台：困难是一个良好的锤炼、磨砺和洗礼自己的机会，要以乐观、自信、坚韧、坦然的心态去竭力拼搏。

（四）职业行为

职业行为，是指人们对职业劳动的认识、评价、情感和态度等心理过程的行为反映，是职业目的达成的基础。由人与职业环境、职业要求的相互关系决定的。职业行为包括职业创新行为、职业竞争行为、职业协作行为和职业奉献行为等方面。

职业行为规范，是指从业者的言谈举止和行为礼仪，它能体现一个人的性格和人格。性格反映的是一个人的深层世界观，而人格反映的是其为人处世的态度。两者相互影响，表现出一个人应有的举止礼仪。因此，要从世界观和道德观去认识行为规范，平时加强学习，注重个人修养，使举止符合主观想法，完美地表现出职业行为规范。

职业行为规范，主要包括仪表规范、用语规范、电话礼仪、名片礼仪、交谈礼仪及其他相关礼仪。礼仪作为职业行为规范的重要组成内容，在职业行为的优化中具有非常重要的作用。

三、职业意识的训练

职业意识是人们对职业劳动的认识、评价、情感和态度等心理成分的综合反映，是支配和调控全部职业行为和职业活动的调节器，包括规范意识、诚信意识、团队意识、责任意识、质量意识、服务意识和创新意识等方面。职业意识的核心是爱岗敬业精神。

（一）规范意识

规范意识是指从业者按照所在企业成文的规章制度和企业文化所认同的不成文的习惯性规定，自觉地履行岗位职责、规范自身行为的意识。市场经济的发展，使生产现代化的程度越来越高，如果没有严格的纪律约束，就很难对生产进行协调，任何违反纪律的行为都会影响全局。所以，规范意识是求职者必备的重要职业意识。

推行"5S"培养规范意识。5S就是整理（SEIRI）、整顿（SEITON）、清扫（SEISO）、清洁（SEIKETSU）、素养（SHITSUKE）五个项目，因日语的罗马拼音均以"S"开头，简称为5S。没有实施5S的工厂，触目可及地可感受到职场的脏乱，例如，地板黏着垃圾、油渍或切屑等，好不容易引进的最新式设备因未加维护，数月后也变成了不良的机械，要使用的工夹具、计测器也不知道放在何处，等等。员工在作业中显得松松垮垮，规定的事项也只有起初两三天遵守而已。改变这样工厂的面貌，实施5S活动最为适合。

（1）将工作场所内的东西划分为必要与不必要的，并明确、严格地区分开来，不必要的东西尽快处理掉。这样，能腾出空间、活用空间，防止误用、误送，从而打造清爽的工作场所。

（2）整顿：对整理之后留在现场的必要的物品分门别类放置，排列整齐；明确数量，并进行有效的标识。这样，能打造整整齐齐的工作环境；消除找寻物品的时间，消除过多的积压物品。这是提高效率的基础。

整顿的"3要素"：场所、方法、标识。物品的放置场所，原则上要100%设定；放置方法是，易取；标识方法是，放置场所和物品原则上一对一表示。

整顿的"3定"原则：定点、定容、定量。定点即放在哪里合适，定容即用什么容器、颜色，定量即规定合适的数量。

（3）清扫：将工作场所清扫干净，保持干净、亮丽的环境。这样，能消除脏污，保持职场内干干净净、明明亮亮；稳定品质；减少工业伤害。此工作要责任化、制度化。

（4）清洁：将上面的3S实施的做法制度化、规范化，并贯彻执行及维持结果。关键是要制度化，定期检查。

（5）素养：努力提高人员的修养，养成严格遵守规章制度的习惯和作风。

（二）诚信意识

"人无信不立，人而无信，不知其可。"经济是信用经济，一个企业、一个职业人、市场信誉是可以用价值（金钱）来度量的（信誉度）。所谓名牌、品牌可以作为无形资产、产权交易，就是这个道理。

一般而言，"诚"即诚实诚恳，指主体真诚的内在道德品质，侧重于"内诚于心"；"信"即信用信任，是主体"内诚"的外化，侧重于"外信于人"。"诚信"，则是一个内外兼备、内涵丰富的词汇，主要是指诚实无欺，讲求信用。千百年来，中华民族视诚信为行为规范和道德修养，形成了独具特色并具有丰富内涵的诚信观。

诚信是一种人人必备的优良品格，讲诚信，就代表是一个讲文明的人。讲诚信的人，处处受欢迎；不讲诚信的人，人们会忽视他的存在；所以，每个人都要讲诚信。

（三）团队意识

团队意识，是具有集体意识和协调合作能力的一种综合表现，是指为了统一的目标，大家自觉地认同必须负担的责任，并愿意为此共同奉献。所有个体在被尊重的氛围中，上下齐心，团结合作，为了团队的利益而追求卓越。团队意识包括两层含义：一是集体意识，个体与同事构成一个为公司利益而共同努力的集体，目标共同，利益一致；二是合作能力。将集体意识深入发展，实际工作中就表现为合作能力。企业有了团队精神就有了核心竞争能力，它是单位和个人成功的保证。

美国社会学家史密斯在《团队智慧》中指出："团队是拥有不同技巧的人员的组合，他们致力于共同的目的、共同的工作目标和共同的相互负责的处事方法。"团队成员都拥有性格、特长和经验，只有充分实现人员能力的互补，形成一个类似球体的结构，才能更快地向前滚动。

团队中每个人的工作都对他人起到重要作用。那么，怎样培养团队意识？

（1）能够包容他人的不同文化背景和工作方式。

（2）由衷地欣赏并赞美他人的优点和成绩。

（3）当面交流对同事的看法，而不背后议论。

（4）主动与他人分享对工作有用的信息。

（5）对自己的行为和结果负责任，主动承担工作失误的责任，并及时改正。

（6）面对问题，首先考虑解决问题的方法，而不是指责他人。

（7）以足够的耐心和兴趣，倾听他人的观点和看法。

（8）通过主动说服和利用实际工作效果的影响，赢得同事对工作的理解和支持。

（9）以双赢的态度与合作伙伴共谋发展。

（10）相互信任、谅解，相互沟通、关爱，相互尊重。

（11）学会换位思考。站在他人的角度思考问题或换位情感体验，设身处地为他人着想，想人所想，理解至上。在矛盾冲突中，学会换位思考是解决问题的前提。

（四）责任意识

责任意识，是指自觉履行岗位职责，按照岗位要求认真落实各项任务的意识。责任意识是成就事业的基本保证，也是职业造福社会的前提。缺乏坚定的责任心，就容易在逆境中跌倒，在诱惑前不能自控。

培养责任意识的"7C"准则：

"Clock"：控制时间，指合理利用时间，以达到最佳利用的效果。可以通过制定合理的时间表格等方式来实施。

"Concepts"：控制思想，指在生活、工作中多吸纳对成长有益，或开拓思想有益的知识。

"Contacts"：控制接触对象，指了解身边的人，学习他人的优点和长处。

"Communication"：控制沟通方式，指在不同的场合与不同的人交流采取不同的方式，选择不同的内容。

"Commitments"：控制承诺，指不承诺做不到的事情，树立责任形象。

"Causes"：控制目标，指确定一个长期目标，并制定实施计划和实现期限。

"Concern"：控制忧虑，指不把消极的情绪带到工作中，不影响工作效率。

（五）服务意识

服务，是指为他人做事，并使他人从中受益的一种有偿或无偿的活动。服务不但是一种形式，更是一种态度，一种真诚服务顾客，把服务做到位的态度。

服务意识，是指企业全体员工在与一切企业利益相关的人或企业的交往中，所体现的为其提供热情、主动、周到的服务的欲望和意识。即自觉主动做好服务工作的一种观念和愿望，发自内心。具有强烈的服务意识，才能把工作当成快乐的事去做。

优质服务主要体现为：优良的服务态度，娴熟的服务技能，快捷的服务效率，建立良好的客户关系。

第五章 高职院校道德素质培育

第一节 道德素质教育内涵

　　道德是人们共同生活及行为的准则、规范，本质上是社会成员的思想意识形态。高校大学生作为构成我国当前社会的一个整体，其道德素质是我国社会主义精神文明程度的一个标志。毋庸置疑，大学生作为未来社会的主力军，在21世纪，将会对整个社会产生重要影响。因此，他们今天的道德素质问题，越来越成为国家、民族未来发展的重要因素。"21世纪国际现代化竞争，实质上就是人才的竞争"。全面推进大学生的道德素质教育，是我国教育事业的一场深刻革命。一般说来，大学生的素质是由身体素质、智能素质和道德素质相结合的统一体。其中，道德素质在整个体系中处于最高地位，在大学生今后的发展中起着潜移默化的作用。那么，道德素质教育的地位和作用是怎样的呢？要弄清这些问题，我们必须从它的基本含义谈起。

一、道德素质内涵

　　学术界对道德内涵的认识是纷繁多样的。有的试图从历史发生学意义上对道德概念加以解释，认为道德是主观的、在每个人心里内在地发生的，只能被他自己通过反省觉察的道德心理现象；客观的、可被他人从外部观察到的，个体或群体的道德行为现象以及作为一种精神的客观凝结物的，以戒律、警句、格言、或理论、学说等形式表现出来的道德知识现象。有的人认为道德是一定社会、一定阶级向人们提出的处理个人与个人、个人与社会之间各种关系的一种特殊的行为规范。有的学者则认为道德应该是人与自然相互依存、和睦相处，引导受教育者自觉养成环保意识、思想觉悟和相应的道德文明行为习惯。以下列举几个典型的对道德素质的定义：

道德素质，是指个人在先天基础之上，通过后天环境影响和道德教育，及道德修养而形成稳定长期发挥作用的内在道德品质。

道德素质是指人们从一定的道德准则和规范出发，在处理个人与他人、与社会的关系中，所表现出来的稳定的特征和倾向，是道德意识和道德行为的统一。简言之，就是做人的准则和标准。

道德素质，特指人在道德方面的内在基础，此外还有文化素质、心理素质、身体素质等，都是把一个特定的范围词加在"素质"之前，从而确定所指素质的范围或方向。

道德素质是人们的道德认识和道德行为水平的综合反映，包含一个人的道德修养和道德情操，体现着一个人的道德水平和道德风貌。

众所周知，道德素质与道德品质是同一概念，是无形的。存在于每个人思想意识的东西，是通过一个人的外在行为所表现出来的内心状态或心理特征。从词源来看，亦是如此，"德"字从心。但是，一个人所表现出来的偶尔的、不稳定的内心状态和心理特征不是道德素质。"我们不能因为一个人做了一两次好事便说他道德素质高，也不能因为他做了一两次坏事便说他道德素质低"。所以，我们认为，道德素质是一个人在长期的生活、工作及其他方式中，所表现出来的稳定的、恒久的、整体的心理状态和个性特征。

大学生道德素质教育，指高校为了使受教育者（大学生）接受和遵循其道德规范体系，自觉履行某种道德义务，对受教育者（大学生）有组织、有计划、有目的地施加影响，形成一定社会所要求的稳定而稳固的道德品性的一种活动。它体现了教育的社会性和阶段性，是高校大学生素质教育的重要组成部分。它与智育、体育等相互联系，彼此渗透，密切协调，共同育人。它对大学生的健康成长，对建设社会主义物质文明、精神文明和政治文明，促进社会全面进步，具有重要的意义。

二、道德素质内容

大学生的道德素质是一种心理活动。心理学调查表明，道德素质通常是情、知和意。道德素质的"知"，即道德认识；道德素质的"情"，即道德感情；道德素质的"意"，即道德意志。所以，蔡元培说："人之成德也，必先有识别善恶之力，是智之作用也。既识别之矣，而无所好恶于其间，则必无实行之期，是情之作用又不可少也。既识别其为善而笃好之矣，而或犹豫畏缩，不敢决行，则德又无自而成，则意之作用又大有造于德者也。故：智、情、意三者，无一而可偏废也"。那么，构成大学生道德素质的三种成分：道德认识，道德感情，道德意志的基本内容是什么？

（一）道德认识

道德认识就其基本构成来说，包括以下几个部分：第一部分是大学生对于道德实体的规律的认识，比如，自己的行为是否自私，自己的行为根源是什么；第二部分是大学生对于社会重视个体道德素质培养的目的的认识，如社会培养大学生道德究竟是为了完善他们的人格，还是为了保障社会稳定存在和持续发展；第三部分是大学生对于道德价值的认识，比如究竟应该无私利他，还是为己利他亦或是单纯利己；第四部分是大学生对于内在的道德素质的认识，比如自己和他人如何做才能符合道德规范的要求。不难看出，道德的自我认识是道德的核心问题。

（二）道德感情

道德感情是人们根据某种道德观念或道德准则，对某种行为进行评价时产生的一种高级感情，道德感情是后天培养而成的。作为大学生道德素质的一个成分的道德感情，即自己对于社会和他人的道德感情。那么，引发大学生道德行为的感情究竟是什么？

众所周知，道德行为由行为意识和行为手段构成，而后者又引发于前者。所以，引发道德行为的感情，说到底，是引发道德行为目的的感情。道德行为目的，无非利人、利己、害人、害己四类。利人引发于爱人之心，利己引发于爱己之心，害人引发于报复之心，害己引发于恨己之心。大体来看，道德感情由四类构成：爱人之心、爱己之心、报复之心、恨己之心。

（三）道德意志

道德意志指人们在履行道德义务过程中，所表现出来的自觉克服一切困难和障碍的坚定性和百折不挠的毅力。其既是道德意识的内容之一，也是道德品质的基本要素，是在道德认识和道德情感的基础上形成的。当一个人对某一道德体系有了一定的认识和理解，认识到了它的高尚性，产生了热爱感情并决心用它支配行为时，便产生了道德意志。道德意志产生后，它会约束行为人理性的辨别和控制行为，预见行为是否合乎道德规范的标准。所以，道德意志是将道德认识转化为道德行为，并坚持到底的关键。

三、道德素质与知识、能力的关系

才与德——知识文化修养与道德修养的关系是什么？二者孰轻孰重？

所谓知识文化修养，是指人们在科学、文史、艺术欣赏等方面，自我教育、自我提高的过程，其重要内容就是学习自然科学、社会科学知识，用人类创造的科学文化知识武装头脑。人们通过自省、自律等方式，不断提高思想道德认识、思想道德判断水平，陶冶思想道德情感，养成良好行为习惯，形成正确的世界观、人生观、价值观，树立崇高理想的过程，就是思想道德修养。

德与才的关系就好像是人的两条腿，缺了任何一条，都会变成残废，二者是不同的两件事，不能用一个"贤"字将二者完全概括，混为一谈，同时，二者又是辩证统一，相辅相成的。德才兼备，才是符合时代精神的德才观。首先，良好的知识文化修养，能够促进思想道德修养，反之，缺乏知识文化修养，就容易是非不分，善恶难辨；其次，加强思想道德修养，能够促进知识文化修养，运用所掌握的知识为社会造福，反之，则难免人格缺失，甚至危害社会。通过加强知识文化修养和参加健康有益的文化活动，自觉接受先进文化的陶冶，使自己的思想道德修养不断升华，为人民服务的本领不断提高，成为一个真正有文化涵养、高尚道德和崇高理想的人。

四、研究道德素质教育的理论背景与价值意义

大学生道德素质教育是大学生整体素质教育中的重要环节，实施道德素质教育对于大学生个体及民族整体都具有十分积极的作用，与国家兴衰、民族的存亡息息相关。大学生道德素质的状况，不仅反映了某个高校的道德水平，更是反映了一个地区、国家、民族的道德风貌。大学生作为受高等教育

的主流人群，其道德素质高低是一个社会道德水平的风向标。而且，重视道德素质的提高，也是建设社会主义市场经济体制的内在本质要求，是社会主义建设的有力保证，是我国走可持续发展之路的必然选择。

1. 是确保我国在激烈的国际竞争中始终立于不败之地的需要

当今各国间的竞争，就是人才的竞争。这里所说的人才，是思想道德素质、科学文化素质和健康素质全面发展的人才。加强和改进大学生道德素质教育，不断造就大批具有创新能力的高素质人才，不断培养大批中国特色社会主义事业的建设者和接班人，是我们能够在激烈的综合国力竞争中站稳脚跟、实现中华民族伟大复兴的必然要求。

2. 是确保实现全面建设小康社会、加快实现社会主义现代化宏伟目标的需要

努力实现全民族思想道德素质、科学文化素质和健康素质的明显提高，是全面建设小康社会宏伟目标中的重要内容。大学生是最富有生机、最富有活力、代表着国家和民族未来和希望的社会群体之一，大学生思想道德素质的明显提高，在全民族思想道德素质的明显提高中具有示范作用、辐射作用、推动作用，是全民族思想道德素质明显提高的重要方面，是全民族整体素质明显提高的重要基础。因此，高校必须加强大学生道德素质教育，推动实现全民族思想道德素质的明显提高，为全面实现小康社会，实现社会主义现代化宏伟目标做出贡献。

3. 是确保中国特色社会主义事业兴旺发达、后继有人的需要

可持续发展问题的中心是人，可持续发展人才必须是全面发展的高素质的人才，可持续发展人才不应该仅仅限于少量的"精英"，而应当是量大面广的一代英才，面对这样的要求，目前，广大的在校大学生应该肩负起可持

续发展的重任，同时，只有对大学生进行全面的道德素质教育，才能使他们更好地完成可持续发展的使命。

首先，通过大学生道德素质教育可以教给学生认识自然、与自然和谐共处的意识和能力。只有当学生确立了可持续发展观，增强可持续发展意识，他们才能关心生态环境的持续发展，关心社会的持续发展，关心人类自身包括当代人以及后代人的持续发展，从而能为创造一个美好的社会而努力。

其次，通过大学生道德素质教育，可以使学生确立为有中国特色的社会主义而奋斗的崇高理想，树立科学的世界观、人生观和价值观，确立良好的道德——社会公德、职业道德与家庭道德，逐步培养对社会的适应能力和创造精神，造就一大批可持续发展的专业人才。

最后，对大学生进行道德素质教育，教育学生树立整体观念，全面地理解可持续发展观，极大地提高思想道德素质，保护生态环境，保护人类有限的资源，自觉维护当代人及后代人的持续发展，推进社会主义的整体文明，从而，有利于人与自然的和谐发展，推进社会的全面可持续发展。

第二节　道德素质教育在大学生发展中的作用

中共中央和国务院以及教育部提出的加强大学生道德素质教育的论述：教育部1998年12月24日制定《面向21世纪教育振兴行动计划》提出："实施'跨世纪素质教育工程'，提高国民素质"，为大学生道德素质教育实施提供了理论性指导的法规性支持。1998年，中共中央宣传部和教育部联合颁布的新的普通高等学校"两课"课程设置意见中明确规定：道德修养课是大学生的必修课程，它体现着社会主义大学的本质特征，在培养社会主义事业的建设者和接班人方面具有不可替代的作用。教育部精神文明建设领导小组 2006 年工作安排中指出：牢固树立"育人为本、德育为先"的观念，加强和改进大学生道德素质教育。吕维敏《充分认识当代大学生思想道德教育的地位和作用》一文，认为：当前我们要充分认识当代大学生道德素质教育的地位和作用；道德素质教育的全面推进确立了大学生道德素质教育的灵魂地位；21 世纪教育主题的转变为大学生道德教育营造了良好的国际环境；参与国际竞争完成民族复兴伟业，对高素质人才的道德素质提出了高要求；现代社会对个人生存和发展的道德素质要求，客观上提升了当代大学生道德素质教育的地位。

全面推进素质教育，是我国教育事业的一场深刻变革，道德素质教育在这场变革中起着举足轻重的作用。道德素质教育是素质教育的灵魂和方向，只有进一步加强和重视品德教育，素质教育才能落到实处，收到实效；道德素质教育在素质教育中起着定向和导向作用，对学生在素质形成、发展及其成长过程中，给予方向性的影响，使他们朝着党的教育方针和德育目标发展；道德素质教育在素质教育中起着积极推动和维持的作用，通过思想道德品质素质的培养和提高，促使学生把社会发展的需要作为自觉追求的内在需要，树立远大的目标，作为人生奋斗的精神支柱，保持良好的精神状态，努力把自己培养成为一个全面发展的人；道德素质教育在素质教育中起着潜能发挥和超越自己的作用，通过德育，提升学生的心理素质，增强非智力因素，促进潜能的激发。

一、道德素质教育是大学生适应社会的基本要求

1. 道德修养是生存的核心内容

人都是社会的产物，不能脱离社会关系而独立存在，一个人要能在社会

上生存下来，适应当时的社会生活，特别是在创造新的社会生活中有所作为，就必须加强各方面的修养，其中，道德修养是核心的基本的内容。当代大学生正面临着一个前所未有的变革时代，社会主义现代化建设实践对未来人才素质提出了很高的要求包括道德素质。大学生同其他社会成员一样，也是社会关系的组成部分。作为新世纪的一代新人，要想适应当今和未来时代的客观要求，基本的一点就是要按照社会发展的客观规律和共产主义道德要求，自觉加强个人道德修养，提高道德素质。

2.抵御负面效应的影响

从当前大学生所处的社会环境看，当代大学生正处在发展社会主义市场经济和对外开放的历史条件下，正置身于利益主体多元、思想道德多元和价值取向多元的历史背景中。特别是，在电子信息网络广泛覆盖的今天，一些错误的思想观念以网络为载体，具有传播速度快、覆盖范围广、声势大、难于控制的特点，对大学生影响极大。针对这样的情况，我们应该通过大学生道德素质教育，对他们进行有中国特色社会主义理论，爱国主义、集体主义、中华民族优秀道德传统，艰苦奋斗创业精神等方面的教育，引导青年大学生树立正确的世界观、人生观、价值观，增强抵御负面效应影响的能力，使之适应当前的社会环境，并成长为社会主义现代化所需要的高级专门人才。

二、道德素质教育是大学生自我发展和完善的需要

1.道德素质是人的本质的特征之一

马克思说："人的本质并不是个人所固有的抽象物，在其现实性上，他是一切社会关系的总和。"个人只能在社会关系中生存和发展，而这种关系有特定的准则，要求个人遵守，道德便是其中最为普遍、最为基本的行为准则。

现实生活中，人们事实上也正是根据个人的道德素质及其表现进行道德评价的。如对那些严重失德的人，我们会常常听到谴责声，而那些具有高尚道德品质的人，则往往是人们心目中有理想人格的人，是鼓舞人们积极向上的榜样。可见，道德素质就是做人以及做什么样人的标志。

2. 道德素质的提高，是个人发展的核心内容和主要目标

社会生产、社会关系的发展创造了道德，道德又进一步促进了人的完善。因此，个体道德素质的提高，是个人完善与发展的核心内容和主要目标。

3. 道德素质教育有助于形成正确世界观、人生观、价值观

从大学生自身发展状况看，青年大学生正处在世界观、人生观、价值观形成和发展的重要时期，这个时期的大学生思想、道德和心理等方面，有了一定的发展，但总的来说，社会生活经验还不够丰富，思想还不够成熟，还存在有明显的知行脱节的现象。比如在成才问题上，一方面具有强烈的成才愿望，另一方面又缺乏勤奋刻苦、勇攀科技高峰、耐得住清贫、耐得住寂寞的决心和恒心。这就需要在学校教育和引导之下，不断学习，加强思想道德修养，完善自己。大学生道德素质教育对于提高大学生的思想认识水平，帮助大学生分辨是非，汲取精神营养，获得真、善、美的心灵启迪具有重要的意义，是大学生自我发展和完善的需要。

三、道德素质教育是大学生成才的需要

高尚的道德素质在人才成长中的动力作用，主要表现在对个体成才动机的帮助和强化，对成才过程的激励和引导。高尚的道德素质帮助人们树立科学的世界观、人生观和价值观，树立远大的理想和抱负，培养坚强的意志和虚怀若谷的优良品德；激励人们为实现崇高的道德理想而刻苦钻研，努力拼

搏，忘我求索；帮助人们正确认识与理解社会，树立正确的政治方向，坚定成才的信心。大学生正处于知识积累和个性培养的关键时期，朝气蓬勃、疾恶如仇、态度积极、目光远大，希望学成之后能够报效祖国和人民。同时，他们也深深地认识到，将来能够在社会主义建设中发挥更大作用，在激烈的竞争中处于有利位置，除了要掌握扎实、丰富的专业知识和技能外，优良的道德素质和个人品质也是十分重要的。

我们现在的大学道德素质教育，既包含了追求知识、热爱科学的内容，也包含了在社会中立足和增强竞争力的各种品质要求，与大学生成人成才的愿望和目标是完全一致的，对于大学生成人成才有着积极的引导作用。

四、道德素质教育是大学生立身之本

个体的道德素质的高低，在各个不同的方面是有差别的，进入社会生活的人，其道德素质都是有高有低、有善有恶的。在当今社会生活中，由于社会正处在大的转轨和变革之中，人们对善恶的标准认识不尽一致。整体来说，绝大多数社会成员的道德修养在不断地去恶扬善。大学生是现代社会生活中知识层次和文化素养都相对较高的特殊社会群体，从总体上，绝大多数大学生都有比较高的道德素质，但这并不说明大学生不需要进行道德素质教育。相反，大学生的道德素质教育必须加强。

当前在校大学生们正面临着人生发展的最为关键的时期。时代要求他们要在学习生活各方面全方位面对和思考如何正确处理个体与社会的关系等一系列重大问题。他们要学会生存、学会学习、学会创造、学会奉献，这些都是我们将来面向社会和生活所必须具有的最基本、最重要的品质。其中，最核心的就是学会如何做人，学会做一个符合国家繁荣富强与社会不断进步发展所需要的人格健全的人；学会做一个能正确处理人与人，人与社会、人与自然关系并使之能协调发展的人；做一个有理想、有道德、有高尚情操的人。一句话，做一个有利于社会、有利于人民、有利于国家的人。只有通过大学生道德素质教育，青年大学生才能获得良好的道德修养，才能做一个社会需要的人，才能真正立足于社会，为人民、为国家做出应有的贡献。

第三节 高职院校道德素质教育的培养目标与结构

一、高职院校道德素质教育的目标

高职道德素质教育工作就是要培养有理想、有道德、有文化、有纪律、综合素质高、实用性强的人才。要办出特色、办出水平、办出品牌、办出名副其实的高职德育示范院校。

思想教育方面。主要是培养学生树立正确的思想观点和思维方法。深入持久地对学生进行爱国主义、集体主义、社会主义和为人民服务的人生观教育。

道德教育方面。主要是对学生进行中华民族优良道德传统的教育，并把世界先进文化成果的借鉴吸收和中国化改造相结合，提高学生的道德认识水平，培养学生正确的道德观和良好的道德行为习惯。

法治教育方面。主要通过系统的法律学习，提高学生的法纪观念，使他们能自觉地遵守法纪，并能依靠法律维护合法权益。

心理素质教育方面。主要是培养学生良好的心理素质和自我调节、自我控制能力，健全人格，增强抗挫折能力，适应环境的能力。

二、高职学生道德素质的结构

（一）高职学生道德素质构成的基本要素

高职学生的道德素质，是高职学生在处理自己与他人、与自然、与社会的关系中，表现出来的相对稳定的道德特征和道德倾向，是高职学生经过道德教育和道德修养而形成的内在的道德基本品质。任何一种道德品质都包含着道德认识、道德情感、道德意志、道德行为四个最基本的方面。道德认识是人们对社会道德关系的理论、原则和规范的认识；道德情感是伴随着道德认识而产生的一种内心体验，即人们基于一定的道德认识，对现实生活中的道德关系和行为所产生的爱憎、好恶的情绪状态；道德意志是道德认识的能动作用，是人利用意识，通过理智的权衡作用去解决道德生活中的矛盾与支配行为的力量；道德行为则是一个人在一定的道德意识的支配下所采取的实际行动。高职学生的道德素质也表现为其独特的道德认识、道德情感、道德意志和道德行为。

（二）高职学生应具备的道德素质的要求

高等职业技术教育是高等教育的重要组成部分，是职业教育中的高级层次。高职学生首先是社会的公民，要成为合格的社会公民，应具备基本的公民道德素质；其次是大学生，应具有普通高校大学生的道德素质。同时，高职教育的职业教育特点，决定了高职学生应具有较高的职业道德素质。

1.一般公民的道德素质要求

《公民道德建设实施纲要》指出："在全社会大力提倡'爱国守法、明礼诚信、团结友善、勤俭自强、敬业奉献'的基本道德规范，努力提高公民道德素质，促进人的全面发展，培养一代又一代有理想、有道德、有文化、有纪律的社会主义公民。"这20个字第一次系统地、集中地作为当今社会的基本道德规范，被提出来，是对社会主义道德内容的新的概括。它一方面是对中华民族的传统美德，以及党领导人民在长期革命斗争和建设实践中形成的优良传统美德的继承和弘扬；另一方面又是对新的社会主义市场经济条件下社会主义道德的规定，体现了时代精神和时代特点。这20个字，是对公民应具备的基本道德的要求。高职学生只有认真学习和深刻理解这20个字中所包含的基本道德规范，自觉地遵守和积极地履行，才能真正成为有社会主义道德的时代青年，成为合格的社会主义公民。

2. 一般大学生的道德素质要求

1995年，国家教委颁布的《中国普通高等学校德育大纲》中明确指出："大学生要养成高尚的社会主义道德品质和文明行为习惯。努力做到诚实守信、勤劳敬业、谦虚谨慎、言行一致、乐于助人、见义勇为、尊敬师长、礼貌待人、朴素大方、廉洁奉公、尊重他人劳动、爱护公共财物、维护公共秩序、抑制不良社会风气。严格遵守校纪、校规，维护校园的安全和秩序。"这些行为准则，是大学生的学业道德规范，涉及大学生生活的方方面面，对大学生的行为起着导向调节作用。高职学生作为大学生中的一部分，应该认真学习掌握这些道德规范，把它内化为自己的道德需求，转化为自觉行动，真正做到道德行为自律，做一名合格的大学生。

3. 高职学生的职业道德素质要求

2000年，教育部颁布的《教育部关于加强高职高专教育人才培养工作的意见》中指出："高职高专教育是我国高等教育的重要组成部分，培养拥护党的基本路线，适应生产、建设、管理、服务第一线需要的德、智、体、美等方面全面发展的高等技术应用型专门人才。学生应在具有必备的基础理论知识和专门知识的基础上，重点掌握从事本专业领域实际工作的基本能力和基本技能，具有良好的职业道德和敬业精神。"高职学生是未来的高级技术人才，作为未来的从业者，高职学生要发展自己，成就事业，不仅要有丰富的专业知识和很强的实践能力，还应有良好的职业道德素质。《公民道德建设实施纲要》指出："要大力倡导以爱岗敬业、诚实守信、办事公道、服务群众、奉献社会为主要内容的职业道德，鼓励人们在工作中做一个好建设者。"高职学生应具备的基本职业道德素质有：第一，爱岗敬业，即热爱本职工作岗位，对本职工作认真负责，一丝不苟，努力做到精业、勤业、乐业。第二，诚实守信，即在职业活动中做到信守诺言、言行一致。第三，办事公道，即在职业活动中坚持工作原则，做到办事公开、公平、公正，做到办事合法、合情、合理，追求社会公正，维护公共利益。第四，服务群众，即尊重群众利益，方便群众，满足群众的需要，为群众提供优质服务。第五，遵纪守法，即遵守纪律和法律，尤其遵守职业纪律和与职业活动相关的法律法规。第六，团结互助，即顾全大局，友爱亲善，真诚相待，与人合作，团结协作，以实现共同发展。

高职学生应具有的三个层次的道德素质是一个完整的体系，一般公民道德素质是高职学生应具有的道德素质的基础，普通本科大学生道德素质是高职学生应具有的主体道德素质，职业道德素质则是对高职学生道德素质的核心要求，是前两种道德的延伸和进一步具体化，体现了高职学生区别于普通大学生的职业教育特点。

第四节　提高高职学生道德素质的基本途径

一、树立科学的教育理念

（一）转变办学思想，从重技能转向重视学生综合素质的提高

爱因斯坦在《自传注释》中说过："只用专业知识教育人是很不够的，通过专业教育，他们可以成为一种有用的机器，但是不能成为一个和谐发展的人。"面对现代经济生活对高素质技术人才的需求，高职教育必须倡导发展学生能力，但这种能力绝不是某种职业技能的拓展，其内涵和外延来讲，应该体现两个基本特征：其一，体现在目标追求上，强调学生"实践能力"的培养，其实质是知识、技能和态度三位一体的素质结构；其二，体现在人才规格上，可分解为思想素质、道德素质、知识素质、能力素质和生理心理素质五个方面，道德素质是基础。当代社会，对于一个就业者来说，既有社会层面的素质要求，又有职业层面的要求，就业者只有具备了这些素质，才能立足本职工作，适应社会，持续发展，实现自我。高职教育，应着眼于学生的全面发展，提高学生的综合素质；要将素质教育贯穿于高职高专教育工作的始终；学校在全面推进素质教育的过程中，要以素质教育的思想和观念为指导，推动人才培养模式的改革，使学生既具有较强的业务工作能力，又具有爱岗敬业、踏实肯干、谦虚好学和与人合作的精神，安心在生产、建设、管理和服务第一线工作。在推进高职学生的素质教育进程中，要把握思想道德这个灵魂，在教育观念上改变重技能、轻做人，重功利、轻情感理想的倾向。从技能教育伸展到学生的精神世界，更多地注重理想主义、道德人格和思维

方式的教育，全面提高学生的整体素质。

（二）正确认识道德教育的功能

我国始终重视学校的道德教育工作，《高等教育法》第五十八条明确规定："高等学校的学生思想品德合格，在规定的修业年限内完成规定的课程，成绩合格或者修满相应的学分，准予毕业。"道德教育和行为规范教育的本质是养成教育，这是学校德育工作的基础工程。知识的传授，技能的培养，智力及生存、生活能力的提高，只是高职教育的部分使命。高职教育所肩负的更重要的使命是陶冶人性，铸造健康饱满的人格，培养学生的科学精神和人文素质，加强公德心和社会责任感，帮助学生夯实道德基础，以做人的教育代替空泛的教育，唤起学生内心的自觉，使行为规范的外部强制变为学生的内在要求。道德教育是高职德育的重要内容，搞好德育工作，关键在领导。高职学院党委、行政应将德育工作作为落实党的教育方针、坚持正确办学方向的头等大事，列入学院工作的重要议事日程。在学期和年度计划中，对德育工作提出明确要求，完善有关规章制度，对德育工作的任务、内容、途径、原则、基本要求，做出明确规定，使德育工作制度化、规范化。为保证德育工作落到实处，党委、行政、工会、学生处、团委应分别把党支部、团支部、各处室部门，在德育工作中应担负的职责和任务纳入其工作目标管理考核中，努力形成党委统一领导、党政工团齐抓共管的德育格局。

二、加强以职业道德为重点的道德教育

高等职业技术教育具有职业性的特征，专业设置与社会工作岗位相对应，教育的职业指向十分明确，高职学生毕业后，能否胜任工作岗位要求和发挥应有的作用，既要看其专业知识与技能的掌握程度，更要看其对待工作的态

度和责任心，因此，对高职学生必须强化职业道德教育。但职业道德并不是镶嵌在职业行为上的装饰品，也不是在做人做事之外，单独培养的一个东西。职业道德就是融入职业行为中、从而具有职业特点的道德人格。对高职学生的道德教育，应以职业道德为重点，着重开展以下方面的工作：

1. 重视法纪意识与文明修身教育

对高职学生的道德教育，首先应加强法纪意识与文明修身教育。通过法纪教育，教育高职学生模范地遵纪守法，遵守学校的各项规章制度，养成良好的行为习惯，创造一个和谐的氛围。通过文明修身教育，使高职学生，在思想上少一点物欲多一点求知精神；生活上少一点浪费多一点艰苦；语言上少一些怪话、脏话多一点文明；行动上少一些脏、乱，多一些条理秩序；作风少点浮躁多一点深思。道德教育应从基本道德要求到较高要求，把基础道德教育放在重要位置。只有在教育中打好学生道德之基础，其道德体系才能稳固建立并最终落实于行为。加强学生的法纪意识和文明修身教育，首先，应将法纪意识和文明修身教育制度化、规范化，制定具体而可供操作的规章制度，约束、规范高职学生的道德行为，提高高职学生的道德自律意识；其次，进一步完善监督、考核机制，以教师和学生组成监督队伍，不定期检查学生遵纪守纪情况，公布结果，并将学生违规行为与评优、评先挂钩；第三，开展丰富多彩的文明修身活动，如播放专题片、举办文艺晚会、开展个性化寝室设计竞赛、进行道德情景实验等，激发学生的参与热情，让学生在活动中提高自身的道德修养。

2. 强化集体主义的价值取向

集体主义是社会主义道德的基本原则，体现了国家、集体和个人利益的统一，其基本要求是：第一，强调集体利益的道德权威性、至上性。在个人利益和集体利益的关系中，集体利益是基础，二者发生矛盾的时候，要求个人利益服从集体利益，局部利益服从全局利益，以集体利益为先。第二，强调个人利益的合理性、正当性。集体主义是个人利益与集体利益的相互结合，社会与集体必须尽量考虑个人正当利益的需要，充分关心和保护个人的正当利益，实现个人的幸福。第三，强调集体利益与个人利益的结合性。个人与集体不可分割，个人利益与集体利益相互联结、辩证统一。在对学生进行集体主义的教育中，要让学生明白，集体主义在于确立一种比较合理的道德规范，来调节处在复杂社会关系中人与人之间、人与社会之间的关系，它强调个人与集体的和谐统一关系，并相对突出在处理各种关系时集体利益的优先性，但它并不排斥个人的合理利益。首先，培养学生学习兴趣，增强学生学习动力。面对激烈的就业竞争，高职学生看到了自己文凭的不足，迫切地寻找着专升本的有效途径。这种现象是非常好的，学校应给予充分重视，并及时引导，使这种良好的氛围发扬光大。如有的高职学院与一些本科院校联合办学，设立专升本自考点，为广大学生提供深造的机会，在不影响高职学生学业的基础上，进一步提高其学历水平，深受广大高职学生的欢迎。学校应利用这一契机，大力加强学风建设。其次，创建特色班集体。"班级是大学生的基本组织形式，是大学生自我教育、自我管理、自我服务的主要组织载体。"根据本班学生个性、兴趣爱好，创建特色班级，制定有班级特色的班级公约，开展生动活泼的班级活动，增强班级的凝聚力。其三，抓好学生干部队伍的道德建设工作。学生干部从某种意义上说是学生领袖，他们在帮助学校教育与管理学生的工作中，发挥着重要的作用。他们生活在学生中，在加强学生道德建设的过程中，他们既是组织者，又是参与者，因此，这些学生领袖的道德水平对其他学生的影响更大。

3.重点加强爱岗敬业的职业道德教育

高职教育是高等教育中的职业教育，是职业教育中的高级阶段。高职学院的任务是为生产、管理、服务第一线领域培养高级技能型应用人才，高职学生在校期间是受教育主体，同时，又是未来的职业道德实践者。高职学院的道德教育应突出自己的职业特色，加强学生的职业道德教育，确保输送的毕业生在较短的时间内成长为用人单位的合格员工。高职学院的职业道德教育应着重从四方面进行：

（1）突出爱岗敬业、诚实守信、团队精神的教育

首先，爱岗敬业教育。职业道德首倡爱岗敬业，即敬业精神。敬业精神是一种基于责任心，对工作、对事业的全身心投入。中华民族有着"敬业乐群""忠于职守""庄诚恭敬"的优良传统。热爱工作岗位和职业，不仅是社会生活中普通道德和职业道德的要求，而且也是事业成功的保证。作为道德要求的爱岗敬业，它的基本内涵是热爱崇敬所选择的职业和工作岗位，按照这个岗位和职业的要求认真负责地做好工作，树立职业理想，强化职业责任，提高职业技能，努力做到精业、勤业、乐业，以优异的成绩服务社会。其次，诚实守信教育。自古以来，诚实守信就被看作是做人的基本准则，是道德高低的标示，是立人之道、修业之本。孔子说："人而无信，不知其可也。大车无輗，小车无軏，其何以行之哉？"加强诚信教育，既是对高职学生做人的基本道德教育，又是一种重要的职业道德教育。从职业道德的角度，加强诚信教育，应教育学生在未来的职业活动中，做到诚实劳动、不消极怠工、不欺上瞒下、不偷奸耍滑；在业务活动中，说到做到、信守承诺、重合同守信用、不弄虚作假、不说谎骗人、不偷工减料、不以次充好。第三，团队合作精神教育。"天时不如地利，地利不如人和"，这是古人留下的思想精华，也是现代人的成功之道。团队合作精神，要求高职学生在激烈的市场竞争中，能够与同事同心协力，能宽容人，争取"双赢"，以求得事业的发展。团队合作

精神教育，要教育学生在未来的职业活动中，正确处理好个人与他人、个人与集体的关系，努力做到相互尊重，以诚相待；相互配合，顾全大局；相互学习，谦虚谨慎；相互帮助，加强协作。

（2）注重教育的阶段性、层次性。根据高职学生专业的不同、年级的不同，实施不同的教育内容。对于新生，应结合新生特点，着重开展适应与成才教育、心理健康教育、专业思想教育、遵纪守法教育及理想主义教育；对于即将毕业的学生，则应结合就业形势，开展就业择业道德、职业生涯规划与发展、应聘策略、面试技巧、敬业、诚信、合作等内容的教育。

（3）注意职业道德教育与专业课程教学的相互渗透。作为职业素质的重要内容，职业道德与专业业务紧密联系在一起。因此，职业院校的许多课程特别是专业课程，为我们进行职业道德教育提供了现实可能性。专业课教师应在其专业课程的教学及管理中渗透职业道德教育，将道德教育寓于专业课的教学中，如社会工作专业的学生必须学习伦理学，计算机、软件、通信等专业的学生应学习技术史和信息革命的社会影响，学习科技伦理学等课程，工程技术专业的学生，必须学会如何适应和改造自然环境和社会环境，学习生态伦理学等。将知识传播与道德培养相结合，引发学生对社会和伦理问题作进一步思考。

（4）将职业道德教育与就业指导相结合。就业问题是高职学生最关心的热点问题，高职学生自从报到的那天起，就业问题就成了他们关注的焦点。作为学校，应从入学教育开始，就向学生作好就业指导，让他们了解社会的需要，树立信心。学校也要创造条件，合理安排教学进度，使学生有充裕的时间进行双向选择。一些学校成立专门的就业指导机构，给学生提供就业指导材料，每周安排一定的课时开设就业指导课程。

第六章 高职院校大学生综合素质教育现状与提升

目前，大学生的综合素质，总体来说是良好的、积极的、健康的，多数大学生能关心国内外大事，正确定位个人的人生目标，做到刻苦学习、积极进取。然而，随着市场经济的不断发展，现实问题和考验增多，大学生在综合素质方面也表现出带有倾向性的问题。全面提升大学生的综合素质是高等教育教学工作的重中之重。

第一节 高职院校大学生素质教育现状

当前，大学生综合素质的主流是积极向上、不断进取的。主要表现在以下几个方面：

第一，社会认同感增强。改革开放多年来，我国取得了举世瞩目的巨大成就，政治稳定，经济发达，人民生活得到改善，这些事实激发了大学生爱党、爱国、爱社会主义的热情，坚决拥护党的路线方针政策，对坚持走中国特色社会主义道路充满信心。

第二，要求进步成为大学生的主流。大学生思想道德整体稳定健康，学理论、学知识的积极性和主动性比前几年都有了很大提高。

第三，社会责任感增强了，多数大学生积极踊跃地参加学校组织的各项社会实践活动。如，青年志愿者活动、社会调查活动、帮助困难学生捐款捐物、无偿献血活动等。

第四，成才意识逐步提高。积极进取，学习自觉性进一步增强，求知、求新、求综合素质的提高已蔚然成风。

第二节　提升高职院校大学生综合素质的理论

高职院校大学生是中国青年中的优秀群体之一，是社会主义事业的建设者和接班人，是未来社会发展的生力军，是国家和民族兴旺发达的希望所在。大学生素质不仅直接影响和决定着中国现代化建设的进程和参与国际竞争的能力，也直接影响和决定着大学生历史使命的完成和成才目标的实现，更是在新形势下衡量我国高等学校办学水平和办学效益的重要尺度。因此，重视和加强大学生的素质建设，全面提升大学生的综合素质，理应成为高等教育教学工作的重中之重。

当代大学生的素质主要包括思想政治素质、道德素质、科学文化素质和身心素质四个方面。其中思想政治素质主导，道德素质是核心，科学文化素质是主体，身心素质是关键。大学生素质的高低，就是从这四个方面综合水平的衡量。

一、提升大学生思想政治素质是主导

思想政治素质是最重要的素质。不断增强学生和群众的爱国主义、集体主义、社会主义思想，是素质教育的灵魂。思想政治素质的灵魂地位，决定了我们必须要把思想政治教育工作始终放在第一位。从总体上看，我国大学生的思想政治状况的主流是好的，对坚持走中国特色社会主义道路、实现全面建设小康社会的宏伟蓝图是充满信心的。高校的思想政治教育理论课是对大学生进行思想政治教育的主渠道，是帮助大学生树立正确世界观、人生观和价值观的重要途径，也是社会主义高等教育的本质特征。学习和掌握马克思主义科学理论，对大学生的健康成长至关重要。

此外，我们也应当客观地看到，在高校的思想政治教育理论课教学中，也的确存在着课堂气氛沉闷、授课形式单一、教学内容枯燥等问题，造成学生在内心不认可高校的思想政治理论课。为避免使高校的思想政治教育工作流于形式，高校应针对学生的不同层次、不同需求，大力推进教学方法的改革，转变更新教学观念，增强教学的实效性，在教学方法和教学艺术方面，多下功夫。思想政治教育理论课教师应牢固树立"以学生为本"的理念，不能仅仅将书面的理论说教和社会要求作为教学的全部内容。因为"在大学生的思想政治教育的内容体系中，不仅应该有社会要求的价值体系，也应该有社会的规范体系，而且更应该有大学生的需要体系和大学生的问题体系"。在懂得大学生的思想状况、专业特点的基础上，让思想政治教育能够融入大学生的学习生活空间，真正地贴近生活、贴近实际、贴近心灵，使之成为大学生活中富有人性意蕴的工作。并充分发挥教师教学的主导地位，善用启发式、参与式、案例式、研究式教学，在调动学生学习兴趣的同时，力求讲课内容生动活泼，做到以情动人、以理服人。只有通过对这些行之有效的教学方法的不断探索和改进，才能提升高校思想政治教育教学的针对性、实效性和吸引力、感染力，才能确保用科学的理论武装人，以正确的舆论引导人，将大学生的思想政治教育工作落到实处，使大学生具备过硬的思想政治素质，真正做到理论科学、思想端正、头脑清醒、立场坚定、旗帜鲜明和行动自觉。

二、提升大学生的道德素质是核心

道德素质是一个人所具有的品德的统称。道德素质的核心问题是个人与他人、社会、集体的关系问题，道德素质是大学生成才的内驱力和催化剂。大学生是文明程度较高的社会群体，其文明程度、道德水平的高低，自然就成为社会关注的焦点。因此，提升大学生的道德素质，不仅是推进素质教育所面临的首要问题，也是在新形势下高等教育所面临的一个时代课题。

各级教育部门和学校在认真贯彻党的教育方针、积极探讨新形势下思想道德教育的新形式、新方法基础上，为学生提供一个良好的、健康向上的外部环境，对提升大学生的道德素质尤为重要。

（一）要加强高校思想道德修养课的建设，改进教学环节

针对德育工作的"润物细无声"的特点，要"寓思想道德教育于各学科教学之中，做到教书育人，使学生在接受科学文化教育的同时，受到正确的思想道德文化的陶冶"，德育工作者不仅要进行言语式的道德说教，还要注重实践活动的切身体会，将道德认识和道德实践紧密结合起来，把学生道德素质和社会责任感的不断提升，作为高校德育工作的出发点和落脚点。

（二）加强师德建设是推进高校思想道德建设的重要内容和基础

教师的思想素质、价值取向、人格品质和精神风貌，不仅直接影响着学生的求知创新能力，更直接影响着学生人生观和价值观的形成和道德品质的定型。高校教师不仅要具备"传道，授业，解惑"的"经师"角色，更要牢记"身正为范"的"人师"角色，做到既教书又育人。教师的学术道德、做人准则、治学态度，会对学生产生潜移默化的影响，教师在现实生活中的表

率作用、人格魅力是大学生道德素质提升的典范来源。辅导员在管理学生的日常生活、学习的工作中，尤其在学生干部选拔、奖学金分配、入党考察等各个环节，务必做到公平公正，建立透明健全的管理体系和健康的激励机制，对于改变更新大学生道德认识也是至关重要的。实践表明，大学生一般比较注重管理者的学术水平和道德人格，对仅靠职务、权力进行管理的人，尤其是道德和人格较差的人，大多数采取敬而远之或不接受的态度。

（三）要坚持贯彻学生日常行为规范，加强校风建设，营造良好的校园文化氛围

认真贯彻日常行为规范，就会形成良好的生活习惯，进而养成良好的行为方式，将外在的行为方式内化为良好的道德品质。通过对校风校纪的自觉遵守，来带动和形成良好的学风，进而营造出健康向上、格调高雅的校园文化氛围，使学生的思想在良好的校园文化氛围中受到熏陶和感染，并以此强化大学生的自律意识，摒弃自身存在的道德缺失现象，真正为大学生的道德素质提升提供外在的约束感化机制。

（四）要引导大学生积极开展道德实践活动，发挥青年学生在公民道德建设中的主体作用和带动作用

通过积极参与讲文明、树新风创建活动，学习先进道德楷模活动及重要节日和纪念活动，特别是通过开展必要的礼仪、礼节、礼貌活动，告别不文明的言行活动，提升道德修养，自觉摒弃市场经济道德无用论的认知偏差，在道德实践中真正历练提升自身的道德素质。

三、提升大学生理论素质是基础

(一)大学生的理论素质

理论素质乃是理论与素质的集合体,是个体占有理论,并使理论成为个体内在品质的结果。其中,理论是对实践的认识,是行动的指南,没有科学的理论,没有对社会发展规律的认识和把握,就不会有远大的目标、坚定的信念。素质是人内在的综合性品质,是人形成性格和能力的基础。

理论素质是人的素质的一个重要方面,这种素质在知识分子阶层来说,显得更为重要,它体现了人对真理的认识能力,是人的最基本的素质,是人社会存在的自我定位和自我意识,构成了个体所持有的社会价值观念的基础。就知识分子而言,具备坚实深厚的理论素养,具备丰富扎实的理论素质是其理应具备的内在素质。

所谓大学生的理论素质,是指大学生不仅对于所学专业具有良好的理论素养,而且对马克思主义哲学、人文传统、科学文化等都具有良好的知识积淀以及深厚的理论蕴藏。大学生理论素质的提出是马克思人的全面发展理论一个内涵的引出,是全面提升大学生素质的一个重要方面。大学生理论素质的提出就是为了克服当前大学生教育中只注重专业教育而忽视人文教育,只注重现代教育而忽视传统教育,只注重技能教育而忽视马克思主义基本理论的深化教育等问题。大学生理论素质是一个综合体,主要体现在科学素质、人文素质和思想政治素质方面。其中,科学素质是适应现代社会所必需的素质,作为大学生尤其是理工科的大学生,理应了解自然科学,对于自然科学的历史、当前的主要发展趋势及自然辩证法都应有一个全面的了解;人文素质是大学生理论素质培养的重点,需要增强大学生对历史、社会和传统的认识和理解，培养大学生的人文素养，使大学生在丰富自身内涵的同时，能对所在社会有一个更加深刻全面的了解；思想政治素质是大学生理论素质的重要方面，作为未来社会主义事业的接班人，需要具备良好的马克思主义理论素质。

（二）提升大学生理论素质的必要性

1. 提升大学生理论素质是由大学生自身所肩负的历史使命所决定的

在当代中国，知识分子已经成为工人阶级先锋队的一部分，大学生则是未来知识分子队伍的重要组成部分。大学生肩负着迎接来自未来国际挑战的艰巨使命，肩负着社会主义先进文化传播的重要使命，担负着科学文化、人文文化传承的重要任务。当前，大学生群体越来越成为人们关注的对象，这是由大学生自身所具有的先进性决定的。

21世纪的国际竞争，将是人才的竞争。当前世界，发达国家都开始把竞争的焦点放到高科技及人才的培养与争夺上来。大学生作为高等教育的接受者，直接秉承的是先进的专业教育及人文素质教育。将来步入工作岗位的大学毕业生将在未来社会发挥骨干作用，他们素质如何，直接决定着未来国家的国际竞争力。

2. 提升大学生理论素质是由大学生自身的特点所决定的

大学生正处于世界观、人生观、价值观逐渐形成，心理逐渐成熟的关键时期，在这一阶段其所形成的思想、行为、习惯将会影响到今后的身心健康和发展。在这一关键期，他们模仿性强，易走向模仿的反面，易出现观念偏差，在这种情况下，就更需要切实加强大学生理论素质提升的教育。对此，我们应掌握学生个体心理行为发展的一般规律和特点，抓住学生成长的各个阶段的有利时机，以先进的理论提升大学生的思想认同，从而促进大学生自身理论素质的提升。

总之，切实提升大学生的理论素质有其重要性与迫切性。理论素质是大学生素质的有机组成部分，理论具有涵盖于全局、升华于高端、引领于前沿等特征，更为重要的是，为实践活动指明前进方向是理论的天然优势和重要使命。提升大学生的理论素质是提升大学生思想政治素质的关键，只有提升大学生的理论素质，才能使他们对一个社会的基本政治制度、基本经济制度等重要问题，有更为深刻的认识。

四、提升大学生的科学与人文素质是主体

科学教育是指以利用自然和改造自然、促进物质财富增长和社会发展为目的，向人们传授自然科学技术知识，启迪人的思维，开发人的智力的教育。它主要体现以社会发展为标准的教育观。人文教育是以培育人文精神为目的，将世界各国的优秀文化成果通过知识的传播、环境熏陶等方式，使其内化为受教育者做人的基本品质和基本态度，它主要体现为以个人发展需要为标准的教育价值观。

1995年，国家教委提出了加强大学生人文素质教育的主张，要求高校通过各种形式的课内外活动，加强对大学生进行人文社会科学有关理论知识的教育，提升大学生的文化品位和素养，使大学生综合素质得到全面发展。加强人文教育，培育人文精神，使之与科学教育同步发展，已经成为有识之士的共识。

将科学教育与人文教育二者并重，需要我们进一步深化高校教育改革，在教改思路上，摒弃原有的把学科专业划分过窄、知识分割过细的观念，改变长期以来以专业为中心、以行业为目标的片面教育。注重整体性和综合性

的素质教育，改变课程结构，可以通过开设选修课等方式，适当增加人文课程的比重，确立人文课程在整个课程体系中的基础性地位，尤其是科学性、系统性和实践性都较强的人文课程，将人文素质教育贯穿于大学教育的全过程，进而实现教育整体的最优化，以适应学科间相互交叉渗透、高度分解综合的发展趋势。教师在讲授人文课程的过程中，不要仅仅注重人文知识的传授，要将其与社会实际和生活现实结合起来，培养学生的思考能力，培育人文学科的思维方式，激发学生的学习兴趣，引导学生学会学习和思考，授之以渔而不是授之以鱼。

此外，要充分发挥第二课堂在大学教育中的补充作用。各学院可以积极开展人文教育的讲座，多召开文理之间的师生交流会。各社团可组织学生举办有针对性和互动性的读书报告会、演讲、辩论、摄制、艺术节等活动，组织大学生参加公益活动和社会实践活动，并鼓励不同高校、不同校区、不同学科间的互动交流。通过这些行之有效的课外活动，营造出活跃、健康、交流的文化氛围，在校园形成浓厚的人文气氛，开拓大学生的思维空间，培育大学生的人文精神，提升大学生的适应能力，培养出涉猎多学科、多领域和博采众长的通才大学生。只有这样，大学生才能在具备坚实的基础科学知识的前提下，拥有深厚的人文知识功底，才能真正学有所用，形成与社会发展相适应的知识结构，兼具科学精神和人文精神，集较强的研究能力、独立的自学能力、良好的语言表达能力、敏捷的思维能力、独到的识别能力于一身。

五、提升大学生的身心素质是关键

健康的身心是大学生适应新环境、承担历史使命，实现成才目标的关键条件。大学生身心健康指大学生个体在校园内外各种主客观环境中，能够保持良好而持续的身体状态和心理过程，并充分发挥身心潜能的状况。心理健康的标准包含智力正常、情绪稳定、意志健全、自我意识明确、人格完整统一、人际关系和谐、适应能力强、心理行为符合相应的年龄特征八个方面。健康心理不仅是大学生良好品德素质的重要组成部分和开发智力的内在要求，也是大学生全面发展的必备条件。心理素质指的是一个人是否具有健康心理和健全的人格，它是在先天的生理基础上，通过环境影响和教育训练所获得的，相对稳定的适应生活的基本心理品质结构。

由此可见，拥有健康的心理状态是大学生具备良好心理素质的前提。但是，随着社会政治经济形势的发展变化而产生的竞争加剧、生活节奏加快、物质生活的差距及就业形势的严峻，给大学生心理带来了巨大压力；学校生活中的学习困惑、人际交往的无所适从、对自己的重新评价等问题，也容易使大学生产生心理障碍；个人的家庭背景、阅历、爱情抉择，也会对大学生的心理产生重大影响，使得大学时期成为各种心理问题最容易出现的高发期。因此，关注大学生心理健康、提升大学生心理素质极具紧迫性和现实性。

（一）切实贯彻以人为本的教育理念

用换位思考的方式，站在学生的角度去体验他们的感受，及时发现并了解大学生的关注焦点、思想动态和心理诉求，因时因事因人，做好心理疏导工作，把心理健康教育渗透到学校教育的全过程。其实，心理问题的产生都是根源于现实生活，大学生最为关注的无外乎社会、人生、学习、情感和就业等方面。这就需要教育者对大学生的心理健康教育做到预防为主、未雨绸缪，在各个环节上都要耐心细致地工作。首先，做好入学教育工作，引导并帮助大学新生尽快熟悉并适应大学的生活方式、学习方式和交往方式，完成角色的转变。充分发挥大学生的主体作用，通过不断地调适自己，尽快成为大学生活的主人，避免因入学之初、进入新环境而常出现的失落、盲目和无所适从的心理现象。其次，要将思想政治教育工作落到实处，有了科学的理论做指导，大学生就能尽快树立新的人生目标和正确的世界观、人生观和价值观。确立了新的人生目标，就会激发学习动力和学习热情，树立正确的学习观。有了正确的"三观"做指导，就能客观冷静地面对社会的风云变幻和人生的种种境遇，从而锻造出良好的心理品质，增强"免疫"能力。

（二）要及时帮助大学生确立现代的就业理念，更新就业观念

目前，就业是大学生最关心、最敏感的问题。通过细致的理性分析和价值引导，让大学生客观评价自我，坦然接受自我，做好自己的"定位"工作，不会因过高或过低地评价自我而产生过度焦虑等心理问题。这就相当于为大学生躁动的心态注入了镇静剂，学习压力、竞争压力就会得到缓解。

（三）要注意引导大学生树立正确的交往观

引导大学生自觉扩大个人的生活范围和知识领域，广交良师益友，主动参与各种社会活动，懂得去品味和体会大学生活，给心理以缓冲和调适。如果说上述几项措施是为了防患未然。那么高校还应当治患已然，即多设立大学生心理咨询机构，经常性地开展大学生心理健康教育讲座，在普及心理健康教育知识的同时，使有心理疾病的学生能够得到及时的关心和治疗，帮助他们解决心理上的疑难问题，使其心理上的苦恼与困惑得以解脱。对校园中的弱势群体，也需给予充分的关注和重视，不仅在物质上给予特困生帮助，还要在精神上使之具备自立、自尊、自强的品质，用乐观积极的心态去完成学业。对有人格障碍的学生，需要具体问题具体分析，对症下药，在耐心开导的同时，动员他们主动融入集体生活，在潜移默化中去弥补自身的缺陷。

只有通过这种心贴心的互动机制，才能让每位学生在心理上认同、信赖教育者，在"朋友型"的师生关系中，在融洽和谐和富有人性的环境中心情舒畅地度过大学生活。

国家的未来在于人才，人才的关键在于素质。当代大学生的综合素质能否得到全面提升，是关乎中华民族伟大复兴的头等大事。我们要把握提升大学生综合素质的理论内涵，关注大学生的政治思想素质、道德素质、科学文化素质和心理素质这四个层面，为大学生综合素质的提升搭建有效的实践平台，才能为国家、民族培养出高素质的创新型人才。

第三节 提升高职院校大学生综合素质的途径

一、提升大学生综合素质的主要措施

首先，应坚持三个结合，即课内与课外相结合；第一课堂和第二课堂相结合；理论与实践相结合。其次，抓好三个统一，即德育素质与专业素质的统一；科学素质与人文素质的统一；创新精神与实践能力的统一。这样才能不断推进学生综合素质教育的深入开展。

（一）加强和改进德育教育，切实提升德育课效果

发挥课堂主渠道作用，进一步重视思想政治理论课教学，采用多种形式的教学方法，提升教学质量；专业课教师要结合本学科的教学开展德育工作，教书育人；加强专职辅导员队伍建设，高度重视课外管理；加强思想政治工作的理论研究，不断从理论和实践中改进德育工作的方式方法。加强日常教

育工作，认真抓好各类主题教育和特色教育工作，努力提升德育工作的针对性和实效性。

（二）建设高素质教师队伍，为全面实施素质教育提供师资保障

要重视和加强教师队伍的职业道德教育工作，不断提升教师政治素质和业务素质，使教师建立起高度的社会责任感，用教师的言行去感染学生、引导学生、教育学生。

（三）加强教学改革，拓宽素质教育平台

要以全面发展学生综合素质为目标，深化教学内容、教学方法、教学手段改革，合理设计综合素质课程体系。文科院校学生要选修自然科学，理工科院校学生要选修人文科学，以提升综合素质。加强实验和实践教学，提升学生动手能力。加强和完善校内外实习、实践教学基地建设。开展各种技能大赛，将综合素质教育与专业建设紧密结合起来，拓宽素质教育平台。

（四）大力开展科技文化活动，培育学生创新精神

按照提升学生综合素质的要求，大胆创新科技文化活动的形式和内容，精心设计和开展形式新颖、吸引力强的科技文化活动，定期举办"校园艺术节""科技文化节""社团活动节"等综合性素质拓展活动，把开展科技文化活动，作为提升学生综合素质的重要途径。

（五）切实强化社会实践，努力提升实践能力

牢固树立实践育人的思想，把社会实践活动作为提升学生综合素质的重要途径。组织学生深入开展社会实践调查、志愿服务和社会公益活动，引导大学生学会做人、学会做事。

（六）完善考核评价体系，实施综合素质测评制度

科学的测评系统有助于评价学生全面发展、进步，对教与学双方活动起着重要的控制、调节和促进等作用。应完善考核评价体系，实施综合素质测评制度。

二、课堂是提升大学生综合素质的主场

大学生在校四年中，绝大部分的学习都是在课堂上进行的。提升大学生综合素质，课堂教学不可或缺。所以，需要改变现有的大学人才培养方式，给学生更大的选择和自由发展的空间。这就要优化大学教育管理流程，改革课程体系和课程内容，实现大学教育的整体性、灵活性、可选择性，促使大学生素质全面和谐发展。

（一）素质提升需求下的课程设置原则

1. 课程设置与社会需求和科技发展相适应的原则

以争创本科教学优秀学校为目标，深化教学改革，提高教学质量，为国家培养更多更好的、具有创新精神和实践能力的高素质人才。

2. 课程设置多样化和综合化的原则

在确保共同必修的核心领域的同时，通过选修和多样化的教学要求，适应每个学生的能力倾向。实现课程的综合化，从恪守学科界域编制课程向拆除学科界域、以科技性的观点改造课程转变。总趋势是，低年级以综合课为主，高年级多设单独科目，能力较强的学生多学习分科课程，能力较弱的学生多学习综合课程；加强学习的多为单独科目，文理交叉的多为综合课程。

3. 课程设置中知识型课程与智能型课程并重的原则

全面改造学校的教育及课程内容，将知识传递、知识复制型的课程体系

转变为知识操作和知识创造型的课程体系。知识型课程与智能型课程并重，强调面广的普通教育与专深的学科探究相结合，把培养全面发展的人才作为课程设置总目标。开设智能型课程，力求使学生通过此类课程与知识型课程的学习掌握学术性、职业性、事业性及开拓能力。

设置课程体系必须坚持以下准则：一是质量上要"精"，要尽量使每门课程都能浓缩本学科的精华；二是数量上要避免简单地增或减，要减少专业基础课中必修课数量，适当增加人文课程，并且要增加专业选修课和任选课的容量，使学生能根据个性发展需要、兴趣以及社会要求自主选课；三是在整体上做到"有所为，有所不为"，即在课程改革过程中，要特别注意课程体系和课程结构的整合和系统化。

（二）素质提升，公共选修课任重道远

高校公共选修课（简称公选课或任选课）是面向全校学生开设的跨专业课程。它具有灵活性、适用性和时代性的特点，旨在拓宽学生知识面、培养学生实践能力和创新能力，是高校全面提升大学生素质的重要方面。重庆市近几年来在公共选修课程建设上做了很大的努力。在公共选修课的设置上，形成了艺术欣赏与通识教育类、计算机类、外语类、人文与自然科学类四大系列。在公共选修课的管理上，也有一些明确的规章制度，取得了一定的成绩。

尽管如此，就现状来看，公选课课程建设还有很多不尽如人意的地方。首先是师资力量的宏观调整配置不足，课程开设门类、数量有限，学生不能从容选课，大学开设的公选课在门类、数量上还不能满足学生的需求。其次，课程开设制度执行不规范，课程质量难以得到保证。有些学校在开设选修课时，还缺乏深层次的、统一的、科学的思考，因而不可避免地出现了所开的

课程与学生的期望相矛盾的现象。最后，学校缺乏教学质量监控，课堂教学未能取得良好效果。对于公选课，教师往往不够重视，备课不认真、授课内容随意性大的情况，时常发生；而学生修读公选课的动机也值得推敲，部分学生受"为学分而读书"的功利主义思想左右。这些问题严重影响着当前公选课的教学效果和质量，一定程度上也影响学生综合素质的提升。为此，有必要从以下方面加强公选课的教学管理：

1. 深入贯彻人本主义教育观，了解学生所需，拓宽选修渠道

人本主义教育就是注重发展学生的态度、情感和独立学习的一种教育哲学。而公共选修课最能体现以人为本、以学生为本的现代先进的教育思想。因为它的特点体现在一个"选"字上，让学生做出选择。而且课程内容广泛，学生选择空间大。因此，学校在设置公选课之前，可以通过调查，了解学生所需，然后有的放矢。根据学校实际情况，制订课程开设计划。做到"你选我开，你不选我不开"，只有这样才是真正的以学生为本。

2. 实行激励措施与优胜劣汰制度并存，点燃教师教学热情

在日常教学中，教师对公选课的授课热情不高，往往是因为学校本身不重视公选课。要调动教师的上课热情，学校要采取一些措施，提高公选课在课程建设中的地位。在高校教学管理工作中，可以采取激励措施，有效激发广大教师热爱教育事业、提高工作质量的内驱力，以及投身于教育事业的自主性和创新精神，由此使教师的能力得以充分发挥，创造出最佳的工作绩效。同时，引入优胜劣汰制度。建议每门课程每学年都要接受审查。审查由教学指导委员会的专家和选择课程的学生来执行。专家主要衡量学科水平标准，学生选择的依据主要是适应性和现实需求。审查通过的课程，可以继续开出；通不过，则当年暂不开设。通过以上两种方法结合，鼓励学校开设出更多品

位高、质量好的选修课程。

3. 完善并严格执行选修课管理制度

学校要建立完善的选修课管理制度，对公共选修课进行统一科学的管理。首先，学校要合理布局公选课的开设，保证人文社科课程与自然科学课程设置均衡；其次，在选课前，要及时发布有关课程信息，如：课程简介、教学大纲、教学计划、授课教师、排课时间、选课条件等，供学生参考，指导学生正确选课；再次，要求教师上课时如实记录学生的出勤情况，严格把关，不允许缺课累计超过课程教学时数 1/3 的学生参加课程考核；最后，公选课也应像必修课那样，把教师的教学资料纳入到日常规范管理中来，建立起详细的档案体系。

在完善选修课管理制度的同时，还要严格执行。否则，即使再好的制度也成了一纸空文，没有任何意义。严格执行选修课管理制度，就是要求各教学单位以及学校教务部门严格认真地把好程序关，避免走"形式主义"道路。另外，大力开展教学督导和教学质量评价，采取开课院系自查与学校检查通报相结合，进一步完善校院两级教学质量监控制，使之又好又快地发展，走出一条后勤改革的新路子。

4. 科学安排教学时间，保证良好的教学环境以提高选修课教学质量

公共选修课的上课时间往往是晚上或者周末。而在这些时间上课，一方面教学缺乏监督；另一方面，教师与学生容易出现疲劳，难以保证教学质量。因此，学校应该更加合理地、科学地安排上课时间。在客观条件允许的情况下，尽可能把公选课的上课时间安排在平日白天。另外，良好的教学环境是提高选修课教学质量的必要保障。目前，有些公选课上课人数达到 150 人，人数过多，教室显得拥挤，学生容易走神，也给教师课堂管理带来一定的困

难。并且，公选课通常没有安排在多媒体教室上课，这样不利于教师的发挥。笔者认为，学校应该采取小班上课的形式，但前提是公选课必须效法必修课，在课程设置上形成稳定的师资力量。这样一来，同一门课程就可以多开设一些班级，由不同的教师承担教学任务。至于教室的安排，要结合课程本身的特点，尽量满足课程的需要，为课程提供先进的教学设施，为老师与学生营造优良的教学环境。

综上所述，课堂教学是高校课程设置中的一个重要组成部分，是提升大学生综合素质的重要途径。提高课堂教学质量，充分发挥课堂学习在人才培养中的重要作用，有利于培养更多优秀的高素质应用型、复合型人才。

三、互联网是提升大学生综合素质的利器

在科学技术飞速发展的今天，互联网已经渗透到社会发展的各个方面，也深刻地影响着当代大学生的思想、学习、生活、就业等方面，对大学生的综合素质的培养和提升也产生了深远的影响。

互联网是把双刃剑，它一方面帮助大学生接触丰富多彩的文化知识，培养大学生的全球意识和现代观念，极大地拓展了大学生的思维范畴和交际空间，对提升大学生综合素质产生了巨大的推动作用。另一方面，网络使用过度或使用不当，也可能强化极端观念，放纵道德的缺失，放大心理异常，导致一些大学生是非混淆，社会交往异化。互联网对于大学生的综合素质有着不可低估的影响。

（一）互联网对大学生思想政治素质的影响

互联网是信息极为丰富的世界。互联网在校园内的广泛应用，使思想文化的传播方式由传统的单方向的灌输传播，转变为立体交叉式的交汇传播。

不同国家、不同地域、不同文化、不同价值观的思想文化，都在这里汇集碰撞。大学阶段正是在校大学生世界观、人生观、价值观形成的关键性阶段，面对互联网上鱼龙混杂、良莠不齐的思想文化的冲击，容易被表面现象所误导，而出现思想方面的混乱与动荡，这些也必将对青年学生的思想带来冲击和影响。

（二）互联网对大学生文化素质的影响

互联网信息的共享性有助于大学生掌握更多的文化知识，强大的检索技术可以简便快速地使大学生从浩如烟海的数据中，找到所需要的信息。无论文学、哲学、历史等人文社会科学，还是自然科学方面的知识，都可以从网络上方便地获取。无论是电子版信息还是音频素材、视频材料，也都可以从网络上轻松找到，而且还可以发布观点，参加讨论，从而提升大学生的审美水平、文学品位、知识储备和人文修养。但是，我们也必须看到互联网的普及与应用，也使大学生忽略人文素质的倾向进一步加剧。因此，我们更应看到一些大学生在学校期间，脱离父母与老师的监管，沉迷网络、荒废学业、过度上网而导致心理与生理异常的现象，这也是互联网对大学生文化素质影响最严重的问题。

（三）互联网对大学生心理素质的影响

互联网是知识的海洋。互动的平台、娱乐的空间、网络的交流互动，丰富而刺激。这对求知欲旺盛、好奇心强烈、涉世未深的大学生，有着强烈的吸引力。网络聊天、网络游戏等网络内容，使一些自制能力差的大学生上网成瘾、欲罢不能，进而沉迷于网络无法自拔。网络能够放大使用者的主观性，满足其自我实现的需要、自我超越的需要、社会交往的需要、成就和控制的需要等。

过度使用互联网导致个体明显的心理与社会功能的损害，主要有网络成瘾、网络交往障碍、网络人格心理失真、网络道德失范等心理障碍症状。

网络成瘾的大学生，绝大多数性格敏感、内向、忧郁，并且社会交往能力较弱，严重者甚至出现社交恐惧，妨碍了个体心理的健康发展，影响人格的正常成长，导致个体自身心理成熟受到阻碍。

（四）互联网对大学生法律素质的影响

大学生在网络时代，要自觉地遵守道德与法律规范，必须以良好的法律素质为基础。法律素质是大学生网络行为依法自律的保证。

在互联网时代，我们要始终把大学生的思想政治工作放在首位，利用网络引导大学生树立正确的世界观、人生观和价值观，培养他们集体主义、爱国主义和共产主义的理想信念，防止拜金主义等不良思想的渗透。通过加强大学生思想观念的教育，规范其行为，提升其辨别是非、知晓荣耻的能力；树立其崇高的理想，确立明确的人生目标。加大校园文化活动中网络文化的比重，定期组织与网络有关的文化科技活动，应当成为第二课堂对大学生进行文化素质教育的一种重要形式，如网络知识竞赛、网络创意大赛、网页设计大赛等，让大学生从活动中感受接受挑战、积极创新的乐趣，从而激发上进心和创造性；举办网络话题辩论赛，通过对热门话题、时尚话题的辩论，引导大学生在活动中学会正确看待网络、利用网络，学会从不同角度看问题、分析问题，提升独立思考能力，增强对网络信息的辨别与应用能力；加强大学生心理素质教育，增强大学生心理调适能力。

我们还应积极探索大学生心理素质教育的科学模式，切实提升大学心理素质教育水平，通过心理素质教育普及心理知识，帮助大学生科学地认识和把握心理发展规律，掌握一定的心理调节方法，增强社会适应能力和心理调适能力，勇于面对现实生活中的各种压力与挫折。高校心理咨询机构应针对大学生网络成瘾问题，对有网瘾倾向的同学，及早进行心理干预或心理治疗，通过有效的心理沟通与疏导，帮助他们化解心理困惑和疾病，避免出现各类网络疾病。

加强网络道德规范与法律素质教育，塑造大学生网络道德人格。我们在对大学生进行网络法律素质教育时，应与道德教育相结合，重视塑造大学生网络道德人格，使大学生能在各种不同道德法律准则发生冲突时，做出正确的判断和选择，并采取正确的行为，有效地在互联网生活中自我管理、自我监督、自我约束，实现网络行为自律，能够正确对待虚拟空间和现实空间的区别，塑造网络道德人格，促进大学生法律素质的提升。

四、高校图书馆是提升大学生综合素质的资源库

图书馆作为知识信息的收藏和传播中心，在为师生提供信息服务的同时，也对提升大学生综合素质发挥着重要的作用。

（一）高校图书馆是全面提升大学生素质的重要场所

高校图书馆是素质教育的重要载体，为大学生素质教育活动，提供了必要的技术手段和物质条件的支持，对于净化大学生的心灵、提升文化修养、规范行为举止有着十分重要的作用。

1. 有助于提升大学生思想道德素质和人文素质

图书馆拥有大量优秀的人文科学和自然科学方面的书籍，能滋润大学生的心灵，提升他们的文化品位和审美情趣，能对大学生的人文素养、科学精神和健康人格的形成起着积极作用，从而形成正确的人生观、世界观和价值观，这对于青年学生陶冶高尚的道德情操和思想品质、树立崇高理想和信仰

有着潜移默化的作用。

2. 有助于提升大学生的科技创新素质

科技创新是未来社会所需人才必须具备的素质之一。高校图书馆藏有大量的专业书籍和电子期刊，通过查阅，大学生不仅可以掌握本专业及相关专业最新的研究动态，还能激发大学生的创造意识和学习热情，学生们可自主选择感兴趣的知识，饱览不同学科不同学派的学术观点，以培养自己独特的思考能力和创新能力。

3. 有助于提升大学生良好的信息素质

信息素质指有效地发现自己的需求，并据此寻找、判断、组织以及使用信息的能力。培养大学生信息素质的目的在于提升大学生在信息社会里利用信息的意识和能力，以使其获得良好的发展。目前，高校图书馆开设的文献检索课和提供的多媒体阅览、计算机检索及上网查询等服务，都有利于培养大学生良好的信息素质。

4. 有助于提升大学生的心理素质

当今社会充满着竞争和挑战，优胜劣汰是人类进步的标志。在这种氛围中拥有一个健康的心态是非常必要的。目前，有部分大学生心理承受能力差，稍遇困难和挫折，就会有消极的情绪，有的甚至走向极端，造成不良的后果，因此必须要重视心理素质的培养。高校图书馆具有的物质文化和精神文化，有助于提升大学生的心理素质。

5. 有助于提升大学生广博的综合性素质

钱学森说过：创造性思维往往是在不同学科知识和思维方式的交叉渗透中产生的。这些至理名言，精辟地阐明了知识积累的重要性。从学生接受知识的角度来看，大学教学应该包括两方面的活动：一是在课堂上听取教师的知识传授而获得专业知识的教育；另一个是以图书馆的各种文献信息为基础，通过自学获得广博通用知识的教育。图书馆在完善学生知识结构，全面提升综合性素质的过程中，发挥了得天独厚的优势与作用。

（二）高校图书馆是提升大学生综合素质的途径

1. 开展导读服务，提升思想道德

素质和人文素质教育是高校图书馆教育作为思想政治课堂教育的延伸，可以采取多种服务育人的方式，对大学生进行思想政治教育。阅读是大学生文化学习和认知社会的基本方式，同时也是促进大学生心智发展的最有效途径。而当前，部分大学生阅读量减少，阅读兴趣与品位下降，不少同学沉迷于网吧去浏览不健康内容，而优秀的中外名著却很少有人问津。因此，图书馆可定期为大学生开展导读服务，将一些思想先进、内容健康的优秀书籍介绍给学生，提升大学生的鉴赏能力和思想觉悟，从而提升他们的思想道德素质和人文素质。

2. 发挥信息资源优势，提升信息

素质和科技创新素质教育是高校图书馆的一个重要职能，即教育和信息服务职能。图书馆拥有丰富的文献信息资源，馆藏种类繁多。随着高校图书馆数字化进程的不断加快，各馆都加大了对信息数据库、电子期刊、电子图书、电子索引等信息资源的引进，并且根据学校重点学科和特色专业的设置，推出了富有特色的数据库以丰富馆藏。由于该类资源学术性较强，而且每种数据库都有不同的界面、不同的阅读软件，检索方式也不尽相同。图书馆要针对各种数据库的特点对大学生进行培训，以使他们的信息素质得以迅速提升，从而熟练地查找所需信息，提升科技创新素质。

3.采取多种方式,提升大学生心理素质

高校图书馆在提升大学生心理素质方面起着很重要的作用。一方面,大学生可以通过阅读各种心理学书籍、中外名人传记等,开阔视野,培养坚强的意志力和心理承受能力,也有助于建立和谐的人际关系;另一方面,图书馆可以通过设立宣传栏举办学术报告、开展心理咨询等活动,宣传和普及心理健康知识,让学生克服心理障碍,消除不良情绪,促进大学生形成健康的心理素质,从而用健康的心理去解决学习和人际交往中的各种问题。

4.利用环境资源优势,提升大学生综合素质

未来工程师必须具备的能力之一就是具有多学科交叉的综合能力。图书馆教育与课堂教学相比,具有教育对象广泛、教育期限长、教育内容综合丰富、信息流量大、知识更新快等特点。图书馆可利用其环境资源优势,开展系列学术讲座,可邀请知名学者、教授、企业家来为学生讲授人生阅历、最新科研进展、企业发展动态等;还可以举办美术、音乐、文学、摄影知识与作品欣赏等讲座。这样不仅开阔了学生的视野、活跃了思维,同时,也提升了大学生欣赏美、创造美的能力,从而提升大学生的综合性素质。

总之,高校图书馆必然会凭其自身独特的优势,在提升大学生综合素质的过程中扮演极为重要的角色,从而发挥不可替代的作用。

五、学术竞赛是提升大学生综合素质的演兵场

大学生学术竞赛是一项团体学术赛事。目前,我国已经开展了多种富有学科特色的学术竞赛,如全国数模大赛、全国大学生电子设计竞赛、中国空中机器人大赛、中国大学生物理竞赛等。重庆市各高校也针对各自的学科特色,成立了大学生科技竞赛团队并展开各类学术竞赛。这些学术竞赛,具有

贴近实际、开放度大、研究性强、考察面全的特色，在提升大学生的综合素质与创新能力方面可发挥独特作用。在当前学科交叉越来越多、课题涉及面越来越广的背景下，单枪匹马、闭门造车式的研究已很难取得大的进展与突破，所以，我们认为提升大学生综合素质，一个重要方面就是在多途径、多渠道培养学生综合能力与素质的过程中，经过科学的训练，培养并强化创新意识、创新能力的过程。大学生学术竞赛在其中发挥着独特重要的作用。

（一）大学生学术竞赛的特色

1. 贴近实际

日常教学的试题通常将实际问题进行加工、分解、简化与抽象，使之成为纯化的抽象问题。大学生学术竞赛的所有赛题均来源于日常生活生产与工程技术中的实际问题，赛题紧贴日常生活实际。

2. 开放度大

日常教学考试均采用闭卷考试的形式，且每道题（无论是理论试题，还是涉及有关实验的题目）均有现成的甚至是唯一的标准答案。大学生学术竞赛的试题截然不同，所有赛题都是全开放式的，它们在题设中很少甚至几乎不设置限定性条件或参量，而是由学生们在研究中充分调动开放性思维，考察各种不同的情况（实验条件实验参量等）对研究结果的影响。均由学生在研究中自行讨论，研究性强。

日常教学考试的题目一般都经过提炼简化，且已给出了较清晰的图像，待求的变量也十分明确。对这样的问题，学生只要弄清楚用到的概念原理，然后，沿着传统的步骤，正确应用数学工具，一般是能够达到求解目的。而大学生学术竞赛的所有赛题均要求学生对某些实际问题进行相关理论与实验研究。这就要求学生们先后多次进行查阅大量资料与文献，建立并反复修改理论模型数值计算与模拟，探讨各参变量的影响，精心设计实验方案，搭建实验平台，测量并分析实验数据，得出结论并进行相关讨论等一系列相关研究。

3.考察面广

纵观大学生各类学术竞赛的全过程，实际也是考查学生全面素质与综合能力的过程。其中，在学术研究阶段，主要考察自主获取知识与信息的能力，描述并分析问题过程，建立相应模型，或提出科学假设进行科学论证的能力（即分析并解决实际问题的创新能力），设计实验方案采集与处理数据分析结果，并展开讨论的能力；在学术交流（现场辩论赛）阶段，无论是作为正方反方还是评论方，每支队伍只能由一人主控报告，但其他队员可以和主控队员进行交流，且必须做好相应协助；另外，由于竞赛规则对同一队员的主控报告次数的限制，使得多轮辩论赛下来，各参赛队的每位队员均会有数次主控报告的机会，所以，该阶段能很好地考察团队合作精神、交流沟通能力与随机应变能力。

（二）大学生学术竞赛的作用

1.促进大学生形成科学的世界观、方法论

大学生学术竞赛全部采用与日常生活或工程技术密切相关的实际问题，首先，会让学生感到亲切，并让学生更充分地认识到科学不是抽象的理论体系，而是活生生的非常有用和有趣的；其次，能较客观真实地反映自然界的实际问题，有助于学生对自然界形成较客观、较全面的认识，从而形成科学的自然观、世界观；另外，这样的问题需要运用抽象简化等科学方法将客观真实的问题转化为数学或物理模型，从而有效地提升学生分析解决实际问题的能力。所以，大学生学术竞赛为科学的世界观、方法论教育搭建了一个理想的平台，有利于提升学生的开放性思维能力与创新意识。

大学生学术竞赛的所有参赛题目都没有现成的答案，而且答案也不是唯一的，其研究结果与研究思路及实验方案密切相关，几乎没有对错之分，只有深入与否或全面与否之别。正因如此，所以各项赛事非常具有挑战性，特别是参赛学生在研究中，须充分调动开放性思维，多次尝试不同的实验条件，采用不同的实验方案，讨论不同的实验参量对实验结果的影响。因此，在经过了多次这种开放性研究与实验后，学生们的开放性思维能力、创新意识以及灵活运用科学的思路与方法解决实际问题的能力会得到极大的提升。这也恰是大学生学术竞赛的最大魅力所在。

2. 培养大学生的科研素质

如前所述，大学生学术竞赛具有研究性强的鲜明特色，因此学生们在准备每一道赛题的过程中，均需要把所学的知识从感性认识上升到理性认识；从模仿思维过渡到独立思维，并进行一次小型的、系统的科学研究训练。因此，当所有这些赛题准备完毕后，学生主动获取知识与信息的能力、建立数学与物理模型的能力、应用数值计算与仿真工具软件的能力、采集与处理实验数据的能力、逻辑推理能力与创新意识等科研能力与素质均会得到一个质的提升。

3. 促进大学生综合素质的提升

大学生学术竞赛作为一项学术团体赛，采用团队合作研究，现场辩论的竞赛模式，这不仅需要选手具有较高的理论水平和实验技能，同时，也对选手的团队合作精神、交流沟通能力与现场反应提出了较高的要求。因此，这类赛事在培养大学生的自主学习能力、逻辑推理能力、开放性思维能力、解决实际问题的能力、正确采集与处理数据的能力、创新意识、团队合作精神、交流沟通能力与随机应变能力等综合能力与素质方面具有独特的优势。

总之，大学生学术竞赛作为对大学生综合能力与全面素质的考量，以鼓励创新和团队合作为核心理念，以培养学生创新意识、创新能力、协作精神、实践能力和交流沟通能力等全面素质与创新能力为目标。大学生数模竞赛、大学生物理学术竞赛等的实践表明，所有参赛学子不仅获得了学科知识、科学方法、创新能力的有效统一与全面素质的明显提升，更为各高校共同探讨创新型高素质人才培养提供了一个很好的交流平台。所以，大学生学术竞赛为提升大学生综合素质，实现培养创新型高素质人才的战略目标，发挥着独特重要的作用。

六、社会服务，提升大学生综合素质的现场秀

提升大学生综合素质的途径很多，但社会服务有其独特的价值和意义。社会服务可以促进提升大学生的社会意识，增强社会适应能力，完善心理素质能力，从而提升综合素质。

（一）社会服务是提升大学生综合素质的有效途径

1. 社会服务是当前大学生参与社会实践的主要形式之一

大学生志愿者在北京奥运会和上海世博会等大型活动中的出色表现，社会服务的理念得到了广泛宣传，志愿精神得到了传播。社会服务不仅是付出，也是提升自身综合素质的过程。

2. 社会服务能够全面提升大学生的职业能力

职业能力是个体从事某种职业的多种素质能力的综合，大致分为一般职业能力、专业能力、综合能力。通过社会服务，大学生有效地提升了自身的职业能力，从而增强了大学生就业的竞争能力。

3. 深入社会化实践，增强身心素质

身心素质是个体各种素质能力发展和运用的基础。只要身心素质正常，经过一定的教育与实践，一般的通用素质能力都可以养成。许多社会服务对志愿者的身心素质都有一定的要求，为了圆满完成社会服务目标，志愿者必须参加锻炼，使身心素质达到要求的标准。

4. 理论结合实践，提升专业技能

社会服务是把课内教学与课外实践有机结合的良好平台，大学生往往根据专业兴趣有选择性地参与社会服务，这就为他们在真实的工作情境中，应用所学的知识和技能提供了实践机会，从而有效提升专业能力。

5. 锻炼辩证思维，提升创新能力

创新能力是综合素质的核心体现，辩证思维是创新型人才所应具备的重要精神特征。大学生可以在社会服务过程中省察观念或偏见，反思自己在社会服务生活中的服务角色，在失败和挫折中不断总结和提升。在社会服务中，大学生需要不断地面对新问题和复杂情况，为了清楚地认识新问题，需要自主判断问题，并不断做出决定，其思维的系统性、独立性和创造性均能得到有效提升。

（二）社会服务能够极大地提升大学生的社会适应能力

从目前情况来看，大学生自身的社会适应能力也有待提升。而社会服务可以扩大大学生的社会关系资源和提升大学生的社会适应能力。

1. 社会服务中的身份认同可以扩大社会关系资源

身份认同一般是指一个群体或者个体获得被大众及自身所能够接纳的社会身份。大学生通过参与社会服务逐渐构建起彼此之间的人际关系网络，随

着参与次数的增多,这种依靠身份认同而构建起来的人际关系网络会越来越大。

2. 在社会服务中提升了团队合作能力和社会适应能力

在社会服务团队中,包括组织者在内,人人都是志愿者,既是参与者又是组织者,因此,大家都以主人翁的心态积极主动地参与所属机构的管理、策划和组织工作,在服务工作中出现问题或困难时,互相沟通,互相帮助,团结协作,共同致力于目标的完成了这种民主、平等、友爱的工作环境氛围,

使大学生的团结协作意识和团队合作能力得到了提升。同时,社会服务过程中,大学生通过体验不同的服务岗位、不同的服务环境,接触不同的服务对象,扩大了人际交往面,提升了沟通交往能力和社会适应能力。

另外,社会服务的组织工作培养领袖气质。领导能力是综合素质中较高层次的要求,社会服务为大学生担当组织领导者提供了机会,而且由于社会服务的公益性质,也最能考验一个人的领导能力。在这个舞台上,能否当好领导,常规的关系网和利益链条都失去了本身的价值,更看重的往往是其自身的领导才能和个人魅力。鼓励学生参与社区服务及志愿行动,正是各高校进行领导力教育的实践路径之一。学生在培养领导力这个层面,也应借鉴国际上的先进经验。

3. 社会服务能够大大增强大学生的心理素质能力,增强信心,锤炼意志,从而增强心理承受能力

首先,社会服务有利于大学生转变就业观念。高校应届毕业生在入职前,一般都无工作经历,他们择业的观念大多受社会舆论和长辈亲友对职业的评价影响,形成了想往大城市、高收入行业发展,不愿到基层艰苦行业就业的观念。社会服务使他们明白了一个道理:最需要你的地方,才是最合适你的

地方,也才是最能实现人生价值的地方。无疑,社会服务对转变大学生的就业观念至关重要。

其次,社会服务有利于大学生增强自信心。没有就业经验的大学生经常会遇到各类就业挫折,如面试失败、求职遭拒等,使自信心遭受重创。社会服务有助于大学生增加就业体验,增强自信心。参与社会服务,大学生可以在比较轻松的情境下,学习各种技能,积累工作经验,学会妥善处理人际关系,自如地应对工作难题,为将来就业获得演练的机会。

4.社会服务有利于锤炼大学生的意志

意志是指克服困难、战胜困难的毅力和决心。有没有这种坚毅的意志是衡量大学生综合素质的重要标志。由于大学生初涉社会,阅历浅,经验少,在组织开展或参加各种社会服务时,必然会遇到许多从未经历过的新情况和新问题,这就需要他们去认识困难、克服困难、战胜困难,实现预定目标,这为他们以后正式的职业生涯打下了坚实的基础。

(三)积极拓展社会服务,有效提升大学生综合素质

大学生参与社会服务,在多样化的服务实践中,将自我发展和社会探索相结合,既增进了对社会的了解,又提升了自身各方面的综合素质。因此,我们应充分认识社会服务的育人作用,提升思想认识,扩大宣传力度,营造良好的外部环境,并积极拓展社会服务的形式与内容,促进大学生综合素质的提升发展。

当前,全社会对社会服务的认识不够到位,许多人仍然把社会服务当作简单的学雷锋活动,只看到社会服务的行动意义,没有看到社会服务的教育意义和示范意义。因此,要提升认识,必须做好宣传工作,让社会服务的观念在全社会扎下根来。要积极号召大学生积极参与到社会服务中,对他们在

精神上给予鼓励、物质上给予支援、法律上给予支持。

发挥高校主体优势，建立健全大学生社会服务体系。高校应该充分发挥自己的优势，调动各种资源，做好社会服务的组织和管理工作。首先，在精神上要大力支持和鼓励大学生走出校园，参加各种社会服务和公益活动；其次，主动加强同社会各界的联系，为大学生社会服务提供尽可能多的渠道；再次，要不断总结经验教训，在积极配合国家、省市青年志愿者扶贫接力计划和大学生志愿服务、西部计划等大型服务项目的同时，根据自身特点和便于大学生参与的原则，建立最适合大学生参与的立体式、全方位的社会服务体系。

大学生应积极参与社会服务，在服务实践中激发潜能。不管有多好的外部环境，归根结底，还是需要大学生积极参与。大学生应该充分认识到社会服务对综合素质提升的价值，积极参与各类社会服务，不断锻炼和挖掘自己各方面的潜能，提升自身的综合素质。

第四节　构建高职院校学生综合素质评价体系

随着我国经济发展和社会进步的需要，高等教育变得越来越重要。近年来，高等职业教育的快速发展，为社会培养了一大批技能型和应用型人才，对提高劳动者素质、促进经济发展起到了积极作用。但是，高职院校规模不断扩大，师资队伍建设相对落后，给学校的教学和管理带来了一定的压力。尤其是，高职院校招生的复杂性，给教育工作者的学生管理提出了新的课题。

一、学生综合素质评价体系的重要性

（一）为科学化、规范化、系统化的高等教育做出贡献

一套客观、科学的学生素质评价体系不仅有利于高等教育的立足点，而且有利于确定高等教育的起点，起到"引导"作用，引导高等教育逐步接近和实现教育目标。应该说，这一体系的建设将触及各级教育理念、教育体制、教育结构、人才培养模式、教育内容、教学方法等方面，以满足高校素质教育的要求。可见，这一体系的正确构建，将推动高等教育活动逐步科学化、规范化、制度化。

（二）有利于调动学生的积极性和主动性，提高学生的个人素质

综合素质评价体系的主要特点在于综合性与个性化的有机统一。其主要的关注点在于使每一位学生都可以健康友好快乐地成长。与此同时，还要引导学生学会独立思考，独立自主以及拥有创新的能力。多样化的教学能够使每一位高职学生都能够发挥自己应有的价值，散发出闪光点。因此，高职学校可以根据多样化的需求制定综合素质评价体系。由于每一位学生都有不同的特性，所以制定的综合素质评价体系需要随时调整。

二、高职学生综合素质评价体系构建的原则

在此基础上，对高职院校综合素质评价体系中学生综合素质的构成进行了分析研究。在构建高职院校学生综合素质评价体系的过程中，需要遵循以下原则：

（一）采用多元化的评价方法

根据多元智能理论，人类能力的构成更为复杂。同一种能力往往在不同的层次有完全不同的表现，每个人的能力也是由八个完全不同的层次组成。因此，任何完全同质的评价标准，在评价不同对象的过程中，难免会存在一些缺陷。基于这种情况，需要根据不同能力的具体表现和评价标准，采取多种评价方法，客观反映学生的实际能力。具体而言，教师应建立基于学生智力独特性的多元智力评价方法，即评价方法由静态变为动态，评价标准由单一变为多元化，评价主体由单一变为多元化。评价内容由单一向多维转变，评价目的由一般变为明确，促进学生多元智能的发展。

（二）笔试与实践考核相结合

通常来说，考试是评价学生近期学习成果的有效手段。所以，综合素质评价体系具有评价、诊断、反馈以及预测等多重功能。由此看来，综合素质评价体系是衡量学生的一把度量尺。传统的衡量标准在于考试成绩的好坏。笔试对于教育的发展具有推动作用，但是也产生了一定的危害。因此，综合评价体系主要在于多方面观察学生。就比如，在道德方面，需要评估学生的日常生活当中有无陋习，是否符合社会主义核心价值观，是否拥有无私奉献的精神。学生的实践活动可由教师、班主任、辅导员或同学进行评价。一般来说，应该以公开和民主的方式对其进行评估。

三、学生综合素质评价的内容与方法

学生综合素质评价的主要内容可分为：政治思想评价，包括政治思想、道德、行为、情感等；智力素质评价，主要包括学习成绩、思维方式和在掌握知识过程中分析和解决问题的能力；身心素质评价，包括身体发育、体力、精力、健康习惯、心理健康等；审美意识评价，主要包括审美能力和美育技能水平；创新实践能力评价，主要包括创造性思维能力、开拓创新能力和社会实践能力；人格发展评价，是指对兴趣、爱好、意志和人格特质的评价。在评价结果的表达上主要有两种方法：一种是定量评价，采用百分比法（或ABC法）；二是定性评价，通常根据一些具体的、可操作的规章制度对学生的行为进行定性描述。做好学生评价工作，主要有以下几点：

1. 高职院校学生综合素质评价体系的自觉引导

教育是百年事业的基石。教育要以学生为中心，牢记学生的学科地位，保证学生的学科地位，正确引导学生。从实践理论的角度，应重视修订和完善高校人才培养战略。从传统专业技能的培养到新型现代综合素质人才的培养。不仅以学生成绩为主要评价指标，更注重学生个性和能力的培养；评价内容不强制，评价规则仅供参考。同时，要注重建立新的、实用的综合质量评价体系。按照具体问题具体分析的原则，组建评价监督小组，有效监督综合质量评价工作的完成情况。要模糊强制性指导，细化能力培养，关注不同学生的不同亮点，着眼于人才的能力和素质，而不仅仅局限于"论文评价标准"。

2. 优化在线教学方式和评价模式

在线教学过程中，教师们得到了高质量的培训和多样化的教学方式。一是，利用多媒体课件搭建视听教育网络课堂，增加学生模仿的积极性，通过视频生动地学习教育内容，在轻松的氛围中掌握教育理论知识。二是，可以基于网络平台，采用合作探究的方式进行教学。教师可以利用网络技术的可记录性特点，利用网络技术进行动画模拟和慢速处理，与学生讨论，让学生及时发现自己的问题。第三，利用网络技术的高效交流功能，设计课堂、课外乃至校外的学习交流。课堂结束后,我们不能忽视网络评价模型的重要作用。基于网络的即时性和共享性,可以形成更高效、更全面的评价体系。但需要注意的是,在线教学的评价对象应该是教师和学生的表现,更应该强调教学过程而不是正式的评价。同时,我们需要对在线教学平台的适应性进行评估,以确定是否可以随着教学目标的变化而快速调整。在线教学评价,可以充分利用网络技术的及时分享功能,使教学评价过程透明化,实现评价的公平性。

3. 成立评价工作组

评审组由领导、辅导员、政治教师、专业教师代表、管理人员代表及其他负责学生工作的相关人员组成。评价小组的组成和教学方法应得到广大学生的认可和信任。审核组要认真细致,对获取的信息和资料进行筛选,规范使用的文件和表格,公开程序。

4. 公开评审结果

学生对评价结果很敏感,老师也很重视,家长也很重视,所以,每个学生的评价都应该是公平、公正、公开的。学生可以质疑自己的评估结果。评价组要公开透明,接受合理的意见和建议,以改进学生综合素质评价的重要工作。

5. 促进评价资源的有效利用

兴趣是学生最好的教师,学习效率是否高效,诙谐轻松,民主和谐的小学教育氛围就变得很重要,可以让学生在创造和探索的过程中开展评价,在日常的教学活动中,教师应与学生建立合作、平等民主的师生关系。真诚、有效地评价对学生有着更好的提升作用。在当前新时代的背景下,老师也要改变传统的师生观念,尊重学生观念,平等地对待学生,注意观察学生的个体差异，给出每位同学具体的评价。鼓励学生多维度、多方面地表达观点理念，积极地参加高职老师的教学活动，强化师生之间，同学之间的合作互动，提高学生的好奇心和问题意识，帮助学生产生探索和创新的欲望。摆脱固定思维，积极运用鼓励的语言和方法，促进学生合作探讨、互利共赢，多方面地促进学生身心健康发展，营造真实性的评价课堂。

6. 建立多元的评价体系

课堂活动和教学活动的主体是学生，教师在传统体育课堂中引入评价体系，可以更好地组建多元结构化的评价体系。首先，高职教师可以在日常的教学活动之后对学生展开多元的评价，可以先整体性的评价小组的合作学习活动，让学生通过整体的视角了解在教学的过程中存在的问题，并根据教师的指导，思考如何解决，提出改进的意见，有效地提升小组合作的效果。其次，教师从个体中出发，对每一位学生给出专业性的指导意见，让个人的综合素质得到改进，提高学习成效。还可以让小组成员互相评价，并根据相应的指标让每个学生发现自身问题，扬长避短，学习别人的长处，让自己进步。最后，教师可以引导学生自我评价，学练反思，对自身有个更加深刻的认识，自我改进。创建多元的评价体系，以学生为主，帮助学生更好的进步，提升课堂效果。学生综合素质评价的实施会引起学生行为和心理的变化，这些变化会体现在学生的学习形式和学习方式上。要引导教师关注学生的差异和发展，关注学生潜能和个性的发展，提高教师教学水平，从根本上，形成推动教学改革的动力。

新形势下，高职教育决定了校企关系更加密切。职业院校在培养高素质高技能人才的过程中，要树立"零缺陷"的过程管理意识。通过建立适应行业发展和企业就业需要的学生综合素质评价体系，全过程、全方位地引导和促进学生综合素质的培养，结果必将达到学校的办学目标，实现学生与企业双赢。

第五节 "双高建设"背景下高职院校学生综合素质提升机制

高职院校学生综合素质的培养工作应贯穿于高职教育的始终。通过弹性学分教育、劳作教育、校园文化艺术活动的开展，将学生综合素质的培养融于专业教育、融入日常生活、融进校园活动。

优化学生综合素质模块的研究。高职院校应逐步完善综合素质中的思想道德建设、职业素养培育、行为养成教育、创新创业教育、心理健康教育、人文素养培养六大模块。通过六大模块的优化，科学设置模块结构，构建合理的课程体系和教学模式。

一、思想道德建设

当代大学生，其使命和精神在于追求真理和树立崇高的理想信念。加强思想道德建设，培养德才兼备的技能型人才，就需要全面提高大学生的自身素质。一个人的思想道德永远是第一位的，先修身而后才能齐家、治国、平天下。"双高建设"背景下的专业技能型人才，应既具有优良的思想政治素质，又具有过硬的科学文化本领，既有健康的身体，又具有健全的思想。

二、职业素养培育

首先，要培养职业意识。很多学生在跨进大学之门后，容易松懈，没有了高中紧锣密鼓的课业安排，多了很多空余时间，学生并没有有效利用和规划这些空闲时间。其次，要培养学生的显性职业素养。所谓显性职业素养，即专业知识和专业技能水平。热爱一份工作的前提是精通这项工作，如何让学生对即将从事的工作产生认同，这就需要学校的教学及各专业的培养方案与社会需要相符合，通过课程教育与实践培训，帮助学生获得职业技能和职业认同感等职业素养。最后，有意识地培养学生的隐性职业素养，即职业道德、职业态度、职业作风等方面。隐性职业素养体现在做事独立、有责任心、敬业守信、团队合作意识、职业操守等。就目前高职学生的现状来分析，很多大学生恰恰在隐性职业素养方面存在不足。

三、行为养成教育

完善大学生行为养成制度。学校、辅导员、思政课教师在大学生行为习惯养成教育中扮演着重要角色，因而，制定和完善适合本校学生的行为规范制度成为行为养成教育的首要环节。通过制度落实行为习惯考核，在课程上、实践锻炼上有意识地培养学生良好的行为习惯，实现制度育人。

四、创新创业教育

1. 转变教育理念，将创新创业教育融入"四位一体"人才培养方案

"互联网+"创新创业大赛，是近年各高校的一大热点话题。为了改变传统教育方式，创新创业教育是改变人才培养模式的一项有力措施，目的是培养应用型社会人才。创新创业教育需要受众面广，贯穿于人才培养全过程，同时，需要顶层规划、整体设计和明确的培养目标，通过系统的课程学习、实践锻炼和社会实践活动来实现教育目标。因此，必须将创新创业教育纳入人才培养方案的全过程进行整体设计，通过构建"通识课+专业课+个性

发展课+创新创业课"的"四位一体"人才培养方案，优化课程体系和改革教学内容，引导创新创业教育良性发展，保证学生的创新创业水平达到预期要求。

2. 建立弹性学分制，对学生自主创业提供政策支持

改革学分认定管理办法，不单纯以课业成绩计学分，建立弹性学分制，将创新创业成绩纳入学分统计。创新创业课在人才培养方案中占一定的必修学分，保证学生都能接受到创新创业教育，在这个基础上，设立学生开展创新创业活动加分项。对学生在校期间的专利发明、论文研究、创意作品、技能大赛、自主创业等创新创业实践活动方面等进行鼓励，同时，在时间上，为学生解决制约参与创新创业的问题，学校需进一步完善选课制度，例如，延长选修年限等，为学生创造更加便利、弹性的学分获取条件。

3. 探索专业教育与创新创业教育相结合的有效途径

创新创业不是盲目地开设课程，必须根据专业特点，在专业领域、行业领域进行有针对性的教育，将创新创业教育和专业教育有机结合在一起。鼓励专业课老师兼任创新创业课教师，利用自身社会资源充分挖掘适合本专业的创新创业教学内容，通过聘请校外专家为学生作专题讲座等形式，让学生在深刻理解专业实质、掌握专业发展前景的同时，启发其将创新创业活动与所学专业结合起来，在所学专业技能的基础上开展更高水平的创新创业活动。

4. 通过全国职业院校技能大赛，组建教师、学生团队开展创新创业活动

全国职业院校技能大赛为学生提供了一个良好的技能交流平台，学生通过技能大赛增长了见识，开阔了眼界。"双高建设"背景下，高职院校应鼓励教师带领学生结合专业领域和研究兴趣组成参赛队伍，通过比赛指导、专业讨论、实践操作等方式，多途径地对学生思维想象能力、实践锻炼能力进

行培养，并在能力培养过程中穿插创新创业教育。此外，学校还应进一步完善实验实训室开放制度，为参赛学生提供便捷条件，鼓励非参赛学生参观学习，为更多创新创业活动提供良好的学习互动平台。

五、心理健康教育

（一）优化心理健康教育

心理健康是考量学生综合素质水平的一项关键因素。随着网络等新兴事物的发展，人与人之间面对面的交流减少，有心理问题的学生数量呈逐年递增趋势，因此依托大学生心理健康服务中心，规范课程设置，配齐专业心理教辅人员，与时俱进课程内容显得尤为重要。心理健康教育课程应该成为整个学校教学计划的重要部分，通过开设心理健康教育公开课、网上心理健康教育课程和选修课程等方式，来确保大学生心理健康教育全覆盖，促进学生健康成长成才。

（二）开展心理健康宣传活动，强化咨询服务功能

加强线上线下宣传普及力度，通过举办心理健康教育活动月、大学生心理健康节等系列主题教育，不断增强心理健康教育的影响力和感染力。成立专业心理健康咨询室、宣泄室，搭建线上咨询服务平台，让学生足不出户就能进行心理咨询。

六、人文素养培养

（一）用社会实践培育学生人文素养

社会实践除了能有效锻炼学生的社交能力和实践能力外，还在于增强学

生对社会的贡献,学校通过组织"三下乡""青春驿站"等社会志愿服务活动,让学生感受社会实践的乐趣,体会志愿服务精神的魅力,从而转化为有担当、甘奉献的人文素养。学校层面可以广泛宣传先进模范事迹,奖励在社会实践中做出突出贡献的学生。

(二)用传统文化培育学生人文素养

中华经典文化是恒久的典范、精美的艺术和思想的宝库,它囊括了中华民族和中国人民最本真的宇宙观、世界观、人生观和价值观。从正心到诚意,从格物到致知,从修身到齐家,从治国到平天下,中华经典传递着人类的朴实情怀、人生意义和终极追求,蕴含着滋养子孙后代高尚品性的丰富特质,是中华民族生生不息、不可或缺的文化基因。中华经典文化中很多思想充满了理性的大智慧,如:庄子提出的"天人合一",阐述了自然界中天、地、人三者的相应关系。孔子提出的"礼之用,和为贵",贵在使社会和谐稳定;"己所不欲,勿施于人",规范了为人处世的最起码美德。因此,围绕中华传统节日、文化习俗、二十四节气开展主题教育,能够有效培养学生的人文素养,培育学生弘扬和践行社会主义核心价值观,最终实现文化育人的目标。

针对高职学生进行综合素质提升,就必须预先从思想道德建设、职业素养培育、行为养成教育、创新创业教育、心理健康教育、人文素养培养等六个方面进行培养。由此,才能保证高职学生更加积极地投入到素质教育活动中去,接纳正向思维,时刻保持向上向善的状态,同时,自然地改正一切不良思想行为习惯。长此以往,高职学生就能适应不同岗位环境的规范要求,为企业、为社会做出贡献。

参考文献

[1] 陈春生，李彦青. 新时代干部素质与能力研究 [M]. 石家庄：河北人民出版社，2018.

[2] 陈乾心. 个人素质提升基础教程 [M]. 兰州：兰州大学出版社，2020.

[3] 陈强. 新时代高职院校人文素质教育研究 [M]. 昆明：云南大学出版社，2022.

[4] 陈壹明. 学生素质教育和心理健康 [M]. 长春：吉林人民出版社，2019.

[5] 崔显艳，魏勇军，李艳. 高职大学生综合素质养成攻略 [M]. 成都：西南交通大学出版社，2018.

[6] 高立群，王卫华，郑松玲. 素质教育视域下大学生体育教学改革研究 [M]. 长春：吉林人民出版社，2019.

[7] 郭婧，史峥. 大学生素质教育创新研究 [M]. 天津：天津科学技术出版社，2020.

[8] 何光明，江兵，张华敏. 高职学生综合素质教育教程 [M]. 天津：天津科学技术出版社，2020.

[9] 何敏，谢亚双，杨萍. 学科教学创新与素质教育 [M]. 长春：吉林人民出版社，2020.

[10] 李和章，庞海芍. 论大学素质教育 [M]. 北京：北京理工大学出版社，

2022.

[11] 刘畅.德育视域下的大学生创新素质培养研究[M].成都：电子科技大学出版社，2019.

[12] 刘贵友.高职院校体育素质拓展教育课程改革研究[M].南昌：江西科学技术出版社，2018.

[13] 刘国权.新时代高校辅导员素质能力新探[M].南昌：百花洲文艺出版社，2020.

[14] 刘立民，赵艳杰，王晓娟.综合素质[M].北京:北京理工大学出版社，2016.

[15] 任宏娥，李春艳，张朋.职业教育人文素质训练教程[M].天津：天津科学技术出版社，2017.

[16] 任永辉，曾红梅.新时期大学生素质教育研究[M].天津：天津科学技术出版社，2018.

[17] 文敏，周彦良.综合素质[M].北京：北京理工大学出版社，2017.

[18] 杨小京.传统文化与素质教育研究[M].长春：吉林人民出版社，2019.

[19] 詹黔江，彭静.新编职业教育人文素质培养与拓展[M].成都：西南交通大学出版社，0002021.

[20] 周非，周璨萍，黄雄平.教育教学管理与素质培养研究[M].吉林人民出版社，2021.